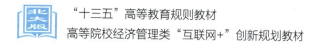

"十三五"高等教育规划教材

高等院校经济管理类"互联网+"创新规划教材

VIRTUAL BUSINESS

虚拟商业经营实践基础教程

主　编 ◎ 胡巧多

北京大学出版社
PEKING UNIVERSITY PRESS

内 容 简 介

本书是跨校虚拟商业社区企业经营平台（"全国高校'联盟杯'互联网 + 虚拟仿真商业实践企业经营大赛"平台）配套实验教学指导用书。平台从 2014 年开始使用，2019 年已经有 162 所高校同时使用。

本书共分 8 章，第 1 章跨校虚拟商业社区企业经营平台概述、第 2 章至第 8 章为 7 类重点行业企业经营场景、经营规则、经营操作流程方法步骤的描述，通过界面、图表、文字对比等解释跨校虚拟商业社区企业经营平台教学与实验内容、方法、操作过程。

本书可作为全国高校经济管理类各专业实验教学指导用书。与本书配套的跨校虚拟商业社区企业经营平台免费开放，全国不同地域高校可以通过平台实现创业创建、企业经营、企业管理等虚拟仿真模拟学习，还可以构建多个企业组成的供应链经营虚拟仿真模拟学习操作指导体系。

图书在版编目（CIP）数据

虚拟商业经营实践基础教程/胡巧多主编. —北京：北京大学出版社，2020.8
高等院校经济管理类"互联网+"创新规划教材
ISBN 978-7-301-31415-9

Ⅰ.①虚… Ⅱ.①胡… Ⅲ.①数字技术 - 应用 - 企业经营管理 - 高等学校 - 教材
Ⅳ.①F272.3-39

中国版本图书馆 CIP 数据核字（2020）第 113940 号

书　　　名	虚拟商业经营实践基础教程 XUNI SHANGYE JINGYING SHIJIAN JICHU JIAOCHENG
著作责任者	胡巧多　主编
策划编辑	郑　双
责任编辑	郑　双
数字编辑	蒙俞材
标准书号	ISBN 978-7-301-31415-9
出版发行	北京大学出版社
地　　　址	北京市海淀区成府路 205 号　100871
网　　　址	http://www.pup.cn　新浪微博：@北京大学出版社
电子信箱	pup_6@163.com
电　　　话	邮购部 010-62752015　发行部 010-62750672　编辑部 010-62750667
印　刷　者	天津中印联印务有限公司
经　销　者	新华书店
	787 毫米×1092 毫米　16 开本　14.5 印张　348 千字 2020 年 8 月第 1 版　2020 年 8 月第 1 次印刷
定　　　价	44.00 元

未经许可，不得以任何方式复制或抄袭本书之部分或全部内容。
版权所有，侵权必究
举报电话: 010-62752024　电子信箱: fd@pup.pku.edu.cn
图书如有印装质量问题，请与出版部联系，电话: 010-62756370

Foreword 前言

在当今互联网与信息技术大发展的时代，商业模式在互联网与信息技术的推动下，正在发生深刻的变革。"互联网+"是一种新的经济形态，它依托互联网和信息技术实现互联网与传统产业的融合，以优化生产要素、更新业务体系、重构商业模式等途径来完成经济转型和升级。"互联网+"是一种新的社会形态，即充分发挥互联网在社会资源配置中的优化和集成作用，将互联网的创新成果深度融合于经济、社会各领域之中，提升全社会的创新力和生产力，形成更广泛的并以互联网为基础设施和实现工具的经济发展新形态。

跨校虚拟商业社区企业经营平台就是基于"互联网+"现实经济社会环境，虚拟仿真在"互联网+"经济环境中拥有多种产业企业的经济活动过程，高度映射经济社会中同类产业链间、非同类产业链间、企业"商流、物流、资金流、信息流"之间的相互作用关系、相互影响变化关系、相互协调发展关系和相互之间经济关系的建立发展过程。

跨校虚拟商业社区企业经营平台通过网络实现多个高校、多个专业、多校区、跨校跨地域在线实时进行"互联网+"环境多行业企业虚拟仿真模拟经营：仿真模拟多种不同产业企业，从选择投资产业行业、创业投资、创业方案、创业规划、创建注册，到选址、建设、管理经营等创业经营活动；仿真模拟同种行业和不同种行业企业间的经济交易活动和产品全生命周期供应链经营活动；仿真模拟不同产业企业间上下游供应链电子商务交易过程；仿真模拟国家产业管理政策方向等多种经济与管理活动。

由教育部高等学校计算机类专业教学指导委员会、上海高等学校计算机科学与技术专业教学指导委员会、全国高校"联盟杯"互联网+虚拟仿真经营大赛组委会、上海商学院主办的全国高校"联盟杯"互联网+虚拟仿真经营大赛，截至2019年，已经成功举办了六届。跨校虚拟商业社区企业经营平台为大赛指定平台，累计服务"联盟杯"大赛的高校有百余所，为各兄弟院校开展创新、创业、实践教学提供了很好的教学平台，广受好评。该平台先后成功申请中华人民共和国国家版权局计算机软件著作权登记证书60个，于2013年获得上海市级教学成果一等奖。跨校虚拟商业社区企业经营平台登录地址：http://kxpt3.sbs.edu.cn/kxpt，欢迎兄弟院校共同使用。

基于跨校虚拟商业社区企业经营平台，上海商学院自 2014 年起开设虚拟创业实践课程，课程设计为 32 课时，每学期开设两个班级。

本书是跨校虚拟商业社区企业经营平台教学与实训指导教材，共 8 章。第 1 章重点解释跨校虚拟商业社区企业经营平台的相关概念，政府管理与监督，实践平台的功能，如何进行实践训练及如何展开创业实践等几个方面，详细诠释了平台功能和主要实训内容与场景。从第 2 章至第 8 章介绍平台中房地产行业、金融业财产保险公司、交通运输业物流公司、制造业汽车整车制造公司、批发和零售业其他综合零售公司、住宿和餐饮业酒店公司、金融业货币银行服务公司的经营流程和经营规则。

本书由上海商学院胡巧多教授担任主编，其团队和瑞智汇达科技（北京）有限公司詹亚辉、吴毅彻共同参与编写。在编写过程中得到校企合作联盟单位及社会各界专业人士的指点和积极参与，他们是上海财经大学、上海理工大学、重庆大学、浙江财经大学等，在此表示深深的谢意。

编 者
2019 年 12 月

第1章 跨校虚拟商业社区企业经营平台概述 ·········· 1

1.1 诠释跨校虚拟商业社区企业经营平台 ·········· 1
1.1.1 "跨校"含义 ·········· 2
1.1.2 "多产业"含义 ·········· 2
1.1.3 政府管理组织 ·········· 2
1.1.4 "多产业经营"含义 ·········· 2
1.1.5 虚拟平台功能 ·········· 3
1.1.6 虚拟平台实验、实践训练模式 ·········· 3
1.1.7 创业实践 ·········· 3

1.2 虚拟平台环境 ·········· 4
1.2.1 产业行业层、企业层、企业内部岗位层逻辑关系 ·········· 5
1.2.2 企业实践场景 ·········· 5
1.2.3 模拟场景形式 ·········· 6

1.3 虚拟平台教学 ·········· 7
1.3.1 教学模式 ·········· 7
1.3.2 教学方法 ·········· 8
1.3.3 教学体系 ·········· 10

1.4 虚拟平台经营规则 ·········· 11
1.4.1 利润规则 ·········· 11
1.4.2 注册账号规则 ·········· 12
1.4.3 注册公司规则 ·········· 12
1.4.4 公共功能模块操作规则 ·········· 13

虚拟商业经营实践基础教程

第 2 章	房地产行业经营流程	25
2.1	公司主界面介绍	25
2.2	公司运营规则	28
	2.2.1 土地竞价	28
	2.2.2 我拍到的土地	29
	2.2.3 我的土地	29
	2.2.4 我的施工队	30
2.3	经营运作流程	31
	2.3.1 建设期	32
	2.3.2 建造期	40
	2.3.3 运营期	58
第 3 章	金融业财产保险公司经营流程	60
3.1	公司主界面介绍	60
3.2	公司运营规则	63
	3.2.1 险种设置	63
	3.2.2 公司保单	63
	3.2.3 理赔管理	63
3.3	经营运作流程	64
	3.3.1 建设期	64
	3.3.2 运营期	69
第 4 章	交通运输业物流公司经营流程	71
4.1	公司主界面介绍	71
4.2	公司运营规则	74
	4.2.1 订单管理	74
	4.2.2 车辆管理	75
	4.2.3 网点线路管理	75
	4.2.4 运费管理	76
	4.2.5 货运方式	76
4.3	经营运作流程	76
	4.3.1 建设期	76
	4.3.2 运营期	99
第 5 章	制造业汽车整车制造公司经营流程	103
5.1	公司主界面介绍	103
5.2	公司运营规则	106

目 录

```
        5.2.1  科技研发 ·········································································· 106
        5.2.2  产品研发 ·········································································· 106
        5.2.3  厂房管理 ·········································································· 106
    5.3  经营运作流程 ············································································· 107
        5.3.1  建设期 ············································································· 108
        5.3.2  生产期 ············································································· 118
        5.2.3  销售期 ············································································· 127
```

第 6 章　批发和零售业其他综合零售公司经营流程 ················· 131

```
    6.1  公司主界面介绍 ·········································································· 131
    6.2  公司运营规则 ············································································· 134
        6.2.1  超市管理 ·········································································· 134
        6.2.2  楼层管理 ·········································································· 135
        6.2.3  营业模式 ·········································································· 135
        6.2.4  迎客 ················································································ 135
        6.2.5  数据统计 ·········································································· 135
    6.3  经营运作流程 ············································································· 136
        6.3.1  建设期 ············································································· 136
        6.3.2  营业期 ············································································· 160
```

第 7 章　住宿和餐饮业酒店公司经营流程 ································· 176

```
    7.1  公司主界面介绍 ·········································································· 176
    7.2  公司运营规则 ············································································· 179
    7.3  经营运作流程 ············································································· 180
        7.3.1  建设期 ············································································· 180
        7.3.2  营业期 ············································································· 209
```

第 8 章　金融业货币银行服务公司经营流程 ····························· 214

```
    8.1  公司主界面介绍 ·········································································· 214
    8.2  公司运营规则 ············································································· 217
        8.2.1  银行管理 ·········································································· 217
        8.2.2  贷款管理 ·········································································· 218
    8.3  经营运作流程 ············································································· 218
        8.3.1  建设期 ············································································· 218
        8.3.2  运营期 ············································································· 222
```

第 1 章

跨校虚拟商业社区企业经营平台概述

 **学习目标**

1. 了解跨校虚拟商业社区企业经营平台。
2. 掌握跨校虚拟商业社区企业经营平台环境。
3. 了解跨校虚拟商业社区企业经营平台教学。
4. 掌握跨校虚拟商业社区企业经营平台经营规则。

 **学习任务**

全面了解跨校虚拟商业社区企业经营平台的内含、结构和功能。

1.1 诠释跨校虚拟商业社区企业经营平台

跨校虚拟商业社区企业经营平台（以下简称虚拟平台）是基于现实经济社会环境下的多种产业企业的全生命周期经济活动过程进行模拟仿真，高度映射经济社会中同类产业链间、非同类产业链间，企业的"商流、物流、资金流、信息流"相互作用关系、相互影响变化关系、相互协调发展关系、相互之间经济关系的建立发展过程。

虚拟平台通过网络仿真模拟不同产业企业的创业经营活动，包括选择投资产业行业、创业投资、创业方案、创业规划、创建注册、选址、建设、管理经营等；仿真模拟同种行业和不同种行业企业间经济交易活动和产品全生命周期供应链经营活动；仿真模拟不同产业企业间上下游供应链电子商务交易过程；仿真模拟国家产业管理政策方向等多种经济与管理活动。

1.1.1 "跨校"含义

跨校是指分属不同地域的学校可以通过网络登录"跨校虚拟商业社区企业经营平台"系统，同时进行授课、实践、训练、模拟经营实训等操作活动。跨校联网学生通过虚拟平台实现创业创建、企业经营、企业管理，以及多个企业组成供应链经营模拟。模拟企业与企业间展开相互竞争、相互依存、相互组成供应链联盟关系、相互通过电子商务进行交易等企业经营活动。

虚拟平台全天开放，支持多所学校、多种专业、多地域学生在线互动参与实验、实践学习，相互竞争、相互学习、相互交流，充分体现创新能力与素质教育的培养要求。

1.1.2 "多产业"含义

产业是指由利益相互联系的、具有不同分工的、由各个相关行业所组成的业态总称。尽管它们的经营方式、经营形态、企业模式和流通环节有所不同，但是，它们的经营对象和经营范围是围绕着共同产品而展开的，并且可以构成业态的各个行业内部完成各自的循环。

虚拟平台中的"多产业"是指系统中包含多种不同的产业行业。在我国经济生活中，国家统计局根据企业经济类型将企业划分为十七大类产业行业。虚拟平台中包含的产业行业具体是房地产业，"农、林、牧、渔"业，采矿业，制造业，金融业，批发和零售业，交通运输业，住宿和餐饮业，"电力、热力、燃气及水生产和供应"业，商务服务业，居民服务业和教育。

虚拟平台中的多种产业行业企业，通过虚拟平台模拟行业间、企业间的各种经营经济活动，同时表现出多种不同属性企业间的供应链关系和各种经济活动间的竞争关系。

1.1.3 政府管理组织

虚拟平台中的政府组织包含多种政府组织管理和监督部门：公安部门，商务部门，财政部门，交通运输部门，住房和城乡建设部门，自然资源部门，生态环境部门，农业农村部门，人力资源和社会保障部门，文化和旅游部门，审计部门，教育部门，等等。

1.1.4 "多产业经营"含义

虚拟平台的"多产业经营"是指系统从客观现实经济生活的经济角度出发，结合经济管理类专业理论知识特点，以"农、林、牧、渔"业、制造业、金融业、批发和零售业、交通运输业、住宿和餐饮业等行业内包含的企业经营流程为基础，通过仿真模拟多种产业行业之间，企业与企业之间的"商流、物流、资金流、信息流"关系，模拟企业创业注册流程、投资建立流程、生产经营流程、企业与企业之间商品交易流程、物流交易流程、财务管理流程、经营分析流程等企业运营过程中各个环节的经营决策过程。

1.1.5 虚拟平台功能

虚拟平台主要有以下10大功能。

①全天开放授课、练习、实践操作功能；②跨校、跨专业授课与实践功能；③创新、创业、创造能力培养功能；④企业岗位认知能力培养功能；⑤多种专业课程体系相互融合的实践教学功能；⑥企业管理专业实验、实践课程教学功能；⑦教学课程实验、实践功能；⑧企业经营综合性实验、实践功能；⑨跨校网络实验、实践、实习功能；⑩多种形式竞赛功能。

1.1.6 虚拟平台实验、实践训练模式

虚拟平台实验、实践训练模式有教学课程授课和自主注册学习练习两种。

（1）教学课程授课

虚拟平台能够满足区域内高校在正常授课时间段里通过网络进入平台，根据专业课程对实验、实践的要求，选择相关内容进行实验、实践课程学习和练习；并可以通过平台与其他高校相关专业学生进行在线交流，共同进行互动实践操作，根据现实社会经济市场运行原则和经济运行规律完成在线交易、生产产品等供应链关系运作，相互提供经济、金融、管理、财务、资产转让等服务；通过平台操作完成经济社会中各种行业企业的全生命周期运作过程。

（2）自主注册学习练习

虚拟平台能够满足区域内高校在正常授课时间之外的其他时间，通过互联网向接入高校学生提供全天开放服务。这能够解决高校实验、实践课程受学时、软件环境限制问题，解决大型实验、实践软件网络化问题，解决课堂人数多、专业授课教师少等限制问题；扩大实验、实践类课程向外开放交流的授课范围，实现跨专业、跨高校、跨课堂对外开放。

1.1.7 创业实践

虚拟平台提供多种产业行业中多种经营实体及其相关的经营管理仿真场景，包括：创业行业选择场景、创业方案选择场景、投资环境参数选择场景、投资地址选择场景、投资规模选择场景、创业规划场景、工商注册场景、场地租买场景、融资环境场景、经营设施建设场景、市场竞争场景、渠道建设场景、生产经营供应环境场景、电子商务场景、政府管理场景和企业经营风险场景等企业创业经营场景。

虚拟平台提供经营决策、经营管理、财务管理、物流仓储管理、人力资源管理和销售管理等企业全生命周期运营活动的经营决策环节模拟。

虚拟平台提供创业必需的配套服务模拟，包括：政府服务、银行服务、保险服务、电子商务服务、自贸区进口服务、中介服务、物流服务、证券服务、发行债券服务、法律服务、人力资源服务、生产资料市场服务等支撑创业经营的外部机构服务模拟。

以上各种来自现实社会经营环境的仿真场景、经营决策环节和配套机构服务系统组成了企业建设、经营、发展的各种必要场景，创业者通过进入平台模拟创业经营、企业经营

的全部过程,从中体验创业经营的企业注册过程、企业建设过程、企业经营流程、企业管理决策过程、财务管理过程、经营结果、风险过程,达到培养与提升创业经营与经营决策能力的目标。

1.2 虚拟平台环境

虚拟平台环境总体结构主要分为三层系统:基础网络运行系统、数据交换系统和产业行业企业运行系统。具体模型如图1-1所示。

图 1-1

虚拟平台中最重要的是产业行业企业运行系统。

(1)按纵向逻辑关系分为:产业行业层、企业层、企业内部岗位层。

(2)按企业实践场景分为:创业规划模拟场景、企业注册模拟场景、企业投资建设模拟场景、融资模拟场景、保险模拟场景、经营流程模拟场景、决策模拟场景、财务管理模拟场景、证券投资经营模拟场景、经营分析模拟场景、人力资源管理模拟场景、物流仓储模拟场景、营销模拟场景、电子商务模拟场景、自由贸易区交易模拟场景、政府管理模拟场景、自然灾害模拟场景等场景。

(3)按模拟场景形式分为:互动交流式、流程交互式、决策问答式、销售市场动态式、"云商"交易式、客户交流式、启发选择式、引导选择式、三维动画说明式、经营情景判断式、图表展示分析式等形式。

(4)按经营模拟类型分为:创业经营、多组织协同供应链经营、跨界投资经营、单独企业经营、多企业经营、理论学习引导经营等。

（5）按经营模拟形式分为：创业经营对抗、单独企业竞争对抗、团队企业竞争对抗、跨校组队对抗、院校分组对抗等。

（6）经营周期为按月经营计算活动，按年结算出经营报表。

1.2.1 产业行业层、企业层、企业内部岗位层逻辑关系

产业行业层、企业层、企业内部岗位层分别介绍如下。

（1）产业行业层

虚拟平台产业行业层包含：房地产业，"农、林、牧、渔"业，采矿业，制造业，金融业，批发和零售业，交通运输业，住宿和餐饮业，"电力、热力、燃气及水生产和供应"业，商务服务业，居民服务业和教育。

（2）企业层

每个行业中包含一个或若干个可以模拟独立运营的企业，企业与企业通过商品交易和供应关系形成供应链关系。

① 金融业包含：银行公司、保险公司、证券公司。

② "农、林、牧、渔"业包含：农场企业、林业种植企业、牲畜养殖企业、家禽养殖企业、渔业养殖企业。

③ 制造业包含：钢铁冶炼企业、脚踏自行车制造企业、汽车整车制造企业、食品加工企业、电子产品制造企业、化肥加工企业、轮胎制造企业、家具制造企业、服装制造企业、饮料制造企业、家用电器制造企业等。

④ 房地产业包含：房地产开发企业。

⑤ 批发和零售业包含：大型超市企业、连锁超市企业。

⑥ 交通运输业包含：物流公司。

⑦ 采矿业：黑色金属矿开采企业、有色金属矿开采企业、非金属矿开采企业、煤矿开采企业。

⑧ 住宿业：三星级酒店企业、四星级酒店企业、五星级酒店企业、小型酒店企业、商务酒店企业、连锁商务酒店企业。

⑨ 餐饮业：餐馆企业、小型餐馆企业、连锁餐饮企业。

⑩ 商务服务业：中介服务公司。

⑪ 教育：培训服务公司。

（3）企业内部岗位层

每个独立运营的企业中包含企业经营、管理、运作的基本工作岗位模拟，包括企业主管岗位、运营管理岗位、销售管理岗位、财务管理岗位、研发管理岗位、物流管理岗位、采购管理岗位和投资管理岗位。

1.2.2 企业实践场景

企业实践场景是模拟企业经营过程中的各种流程的情景（表1-1描述为部分场景）。场景通过三维画面、三维动画等方式仿真企业经营情景，提供掌握运营流程的方法并进行运营决策训练。

表 1-1　部分企业实践场景

企业实践场景模拟	场景功能
创业规划模拟场景	模拟企业创建前的各种分析和规划
企业注册模拟场景	模拟企业注册流程
企业投资建设模拟场景	模拟企业根据自身发展战略进行基础建设
融资模拟场景	模拟企业根据经营目标需要进行社会融资、贷款、发行债券等筹集建设资金过程
保险模拟场景	模拟企业评估自身抗风险能力，根据结果进行选择性投保，防范经营风险
经营流程模拟场景	运用三维动画效果模拟企业经营过程
决策模拟场景	模拟企业各级各类经营环节中的各种复杂决策问题
财务管理模拟场景	模拟预算、筹资决策、利润分配决策、投资决策
证券投资经营模拟场景	模拟企业根据自身战略、资金情况、投资计划进行证券投资
经营分析模拟场景	根据企业经营结果及各种经营报表、图表，模拟筹资分析、投资分析、经营成果分析、成本分析、产品盈利分析、财务分析
人力资源管理模拟场景	模拟企业人才招聘、培训、分配岗位、薪酬、企业文化建设、员工福利管理（保险、宿舍等）
物流仓储模拟场景	模拟企业经营过程中的物料、原料、设备等经营物资的进、销、存管理
营销模拟场景	通过完全动态的市场环境场景，模拟销售过程、营销管理、电子商务运作、广告投入管理、广告投入分析决策、广告优化决策等营销过程和决策过程
电子商务模拟场景	模拟企业运作电子商务平台进行销售的过程
自贸区交易模拟场景	模拟企业通过自由贸易区进行商品买卖的过程
政府管理模拟场景	模拟政府对企业进行经营引导、政策管理、依法管理、依法处罚等管理过程
自然灾害模拟场景	模拟企业在经营过程中经历安全风险、工伤风险、自然灾害风险过程和应对措施
其他模拟场景	系统中还有公共、特殊、个性化场景，如：银行追讨贷款、会计手工记账、手工报表编报等

1.2.3　模拟场景形式

系统依据科学训练方法理论、知识点的深入程度、教学特点、社会实践现实特点，设计用于模拟场景的形式，目的是提高教学、实践效果。

（1）互动交流式：进入系统进行教学与创业实践活动，通过网络可以实现校内外本专业、跨专业的同学与老师进行在线交流，互动讨论经营情况，进行谈判、商讨组建供应链等经营活动。

（2）流程交互式：企业经营管理中常有的流程化操作容易被固化，模拟系统采用流程分解、剖面设计、三维动画演示、供应链管理整合、研发效率整合、人力资源配合、物流仓储调配等联动交互结构，更具备创新、创造的启发能力。

（3）决策问答式：企业经营从创业注册开始就会出现大量的需要进行决策判定的问题，决策问题包含大量理论、实践知识信息，模拟系统通过场景再现，提出决策问题，决策者需要认真查看场景进行决策，是情景与判断同时进行的学习实践训练过程。

（4）销售市场动态式：所有企业经营都离不开市场，系统市场环境是一个动态环境，时刻发生变化，包括各种需求参数和供应参数的变化，这些变化会对企业的广告投放、营销策略、渠道策略、战略规划等产生重大影响。

（5）"云商"交易式：系统中有各种电子商务交易平台，并且实现商品交易电子化支付，此外，还有"云商"销售模式，通过电子网络实现各种形式的销售活动。

（6）客户交流式：企业在经营过程中交易、售卖谈判是必不可少的活动，系统通过网络环境，让企业与客户之间、与供应商之间、与服务商之间直接进行交流谈判，寻求达成一致的方案。

（7）启发选择式：企业经营过程中会出现很多专业知识和经验之外的各种场景、决策问题，在面对复杂决策时，系统会进行提示，通过启发方法给出选择的答案让操作者进行选择，启发操作者的创新思维。

（8）引导选择式：在企业经营过程中经常会出现难以决策的问题，当出现此类问题时系统会给出引导提示，按照正常的流程进行引导决策。

（9）三维动画说明式：虚拟平台系统是一套面向多所院校、多种学科专业，跨校、跨专业、跨年级开放的综合性创业、教学实践系统，模拟现实社会场景和企业经营过程，其中会出现大量的非专业信息、生产流程、交易流程、管理知识等，为使学生更好地理解和掌握这些知识，系统使用三维动画的方式展示其中的原理、流程和运作过程。

（10）经营情景判断式：凝练知识、浓缩结构是跨校多产业经营实践系统的模拟特色，企业经营知识被凝练和浓缩在各种生动和动感的情景之中，学生通过情景画面来判断、决策、理解知识与实践的重要关系，可以高效地启发他们的创新和创造思维。

（11）图表展示分析式：图表分析是根据企业经营结果和决策结果产生的模拟经营数据，通过图表的形式进行直观展现。

1.3 虚拟平台教学

1.3.1 教学模式

虚拟平台系统包含多种产业行业下的各种企业经营模型，可单人单独进行模拟，也可多人组队进行模拟，还可多人组成供应链进行模拟。可以根据教学大纲要求选择教学模式。

（1）单独模拟教学

根据教学大纲与知识点要求给学生每人指定一个企业进行操作经营模拟。模拟形式可以是对抗形式，进行结果分数记录；也可是自由练习式，不记录结果，让学生自由进行操作。

根据学科、专业不同及教学要求组成跨校模拟形式，具体教学模式如下。

① 根据本校专业选择相应的模拟企业（一个或多个）。

② 其他院校根据自身的专业选择不同的模型企业。

③ 按约定同时在线进行授课，学生相互竞争、相互交易、相互交流模拟学习。

单独模拟教学的优势是：独立思考，全面了解并掌握企业注册、建设、经营、财务、营销等多方面经营知识。

（2）团队模拟教学

虚拟平台系统包含企业间存在相互依存的供应链关系，企业与企业间可以组合成多种不同形式的供应链关系。根据教学大纲和专业知识的要求，可以将学生分成若干个供应链联盟，进行协同经营模拟。

① 根据专业和教学需要组建的供应链可以是两个以上的多个企业。

② 根据专业和教学特点组建跨校供应链。

③ 组成的供应链团队以整体的形式参与竞争对抗。

④ 团队的经营成果（成绩）可分别统计和整体统计。

团队模拟教学的优势是：统筹规划、协同经营、统一行动、团队合作、全局与局部问题思考，全面了解、掌握供应链经营企业注册、建设、经营、财务、营销等多方面协同经营知识。

（3）创业模拟教学

虚拟平台系统是一个开放平台，可以应用在各种创业教学环节，也可以应用在创业知识教学和自由创业实践训练等方面。

① 根据学生的创业方向、创业愿望、知识结构，在相关创业培训指导下选择相应的企业进行创业训练。

② 根据学生的兴趣自由选择创业企业，进行自主经营模拟。

③ 开放的平台可以在任何时间提供进行模拟经营的条件。

创业模拟教学的优势是：自主学习、自主练习、掌握全面、交流经验、时间宽松，全面了解、掌握供应链经营企业注册、建设、经营、财务、营销等多方面协同经营知识。

1.3.2　教学方法

虚拟平台适用的教学方法有如下 5 种。

（1）理论讲解与实践操作教学方法

虚拟平台系统中多种产业行业代表性企业，可以将教学大纲需要的知识点通过操作模拟场景与决策体现出来。根据这种特性，可以根据教学需要进行理论讲解，并同时进行实践操作。实际教学分为"以教为中心"和"以学为中心"两种教学操作模式，教师只是学生学习的组织者、指导者、帮助者、促进者，学生有较大的学习自主权。

（2）实践操作教学方法

实践操作教学方法具有主动性、动态性、系统性、层次性和稳定性等基本特征，它以学生为中心，根据教学需要构建教学形式，提出目标、讲解规则，培养学生的学习主动性、积极性。

实践操作教学方法以"动脑学，动手练"为重心和归宿点，对学习效果的评价包括结果评价、操作对比评价、经营情况评价，比传统的教学方法对学生自身知识掌握程度的要求更高，教学难点是对目标的分析和理解能力。

（3）启发引导教学方法

启发引导式教学的关键在于设置问题情境，虚拟平台设计出多种环境场景，教师可根据教学任务和学习的客观规律，从学生的实际出发，采用多种方式，以启发学生的思维为核心，调动学生学习的主动性和积极性。

在企业经营过程中涉及多种决策问题，包括厂房、设备、物料、资金、采购、结算、仓储、运输、网络商务、批发、零售、研发、市场开拓等问题，需要学生面对和思考。教师根据问题的难易程度进行讲解，引导学生自主解决问题。

（4）竞赛对抗教学方法

虚拟平台系统具备统一的跨校竞赛平台，统一的跨校组队竞赛功能，统一的跨校分组竞赛原则，统一的竞赛评分后台操作系统。系统中有多种产业下的各种企业模拟经营模型，可单人单独进行模拟，也可多人组队进行模拟，还可多人组成供应链进行模拟。模拟过程中可以进行企业与企业间的对抗和竞赛，同时也可以进行供应链联盟之间的对抗和竞赛。

通过教学竞赛给学生提供较大的自主学习空间，易于调动学生学习的主观能动性，培养他们的学习兴趣和创造性思维能力。通过参加各种竞赛，使学生熟练掌握知识，达到竞赛的目标。统一竞赛平台如图1-2所示。

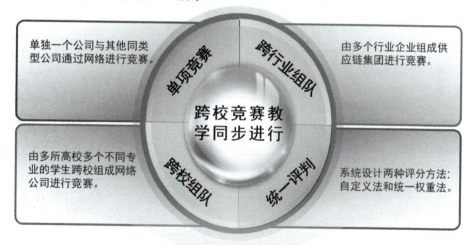

图1-2

（5）综合训练教学方法

根据教学大纲要求在课程中结合大纲知识点来制定综合实践内容，依据实践内容要求，通过了解企业经营基本原理、制订经营计划、模拟实践、阶段总结、经营总结、撰写实验报告等环节进行综合实验训练。

1.3.3 教学体系

"动脑又动手"是以能力培养为主的经管类实践教学体系的核心理念,虚拟平台突出跨校、跨专业等特点。

（1）以能力培养为主的教学体系

培养不同专业、不同经历、不同背景的高校学生,提升他们的创业实践能力,就必须有一套完整的实践训练体系,训练手段与内容必须坚持"动脑又动手",坚持理论联系实际、从实践到理论再到实践的训练原则。只有这样才能够使学生们得到完整的训练,提升实践能力。具体体系如图1-3所示。

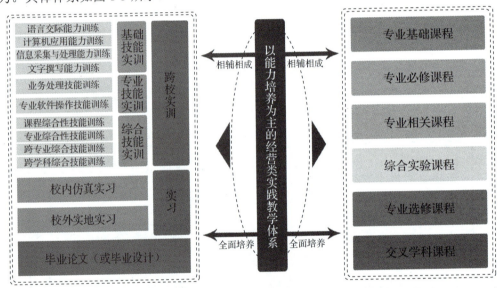

图 1-3

（2）教学模式

虚拟平台采用跨校、跨专业、开放式、互动式实践模式。高校可根据自身专业教学特点、知识点和教学大纲要求,依据平台实践体系自由选择实践内容、竞赛、岗位,自行设计实践训练内容。

（3）突出训练与知识的再学习再实践相结合

实践体系训练方法就是将学习、实践、分析、思考、再实践合而为一。

① 传授知识与运用知识实践结合起来；

② 传授知识、培养技能和提高素质结合起来；

③ 理论教学与实践教学结合起来；

④ 相关知识学习与竞争对抗实践训练结合起来。

（4）虚拟平台的实践体系坚持普适性原则

虚拟平台的普适性决定其应用范围和应用专业，虚拟平台不仅要适用于经济管理类各专业学生的实践训练，还要在体系上和仿真环境上适应非经济管理类专业学生创造、创新、创业、就业能力的培养与实践训练。

实践体系的普适性原则是实施方案设计的方针，基于社会现实经济生活环境的训练场景和企业全生命周期运营过程的仿真，反映社会各行业企业经济活动经营活动的方方面面。虚拟平台仿真场景来自众多的企业案例，容易让学生理解生活和知识的关系，理解实践环境与生活的关系。

对于经济管理专业学生和非经济管理专业学生的特点，虚拟平台有着不同的设计体系，保证了实践体系的普适性与全面性。

1.4 虚拟平台经营规则

虚拟平台模拟经营规则主要包括利润规则、注册账号规则、注册公司规则和公共功能模块操作规则 4 个方面。

1.4.1 利润规则

"利润"永远是企业的命脉，没有利润的企业是很难生存的，更不用谈做大做强了。企业要在市场上生存下来都必须满足以下基本条件：一是有利润，二是可收支相抵，三是能够到期还债。这从另一个角度告诉我们，如果企业出现以下情况，就将无法经营，应宣告破产。

（1）资不抵债

如果企业获得的收入不足以弥补其开支，导致所有者权益为负时，企业破产。

（2）现金断流

如果企业的负债到期，无力偿还，企业就会破产。

在虚拟平台中，企业为独立法人，需要自己承担经营责任，一旦破产条件成立，可有三种处理方式。

① 经营状况较好，能够让股东/债权人看到希望，同意由第三方增资。

② 所有者权益为负，经过评估，企业有扭亏能力，经股东/债权人同意，可以继续经营。

③ 破产清算。

获得利润实现股东利益最大化，即盈利是企业经营的本质。从虚拟平台各级公司利润表中利润构成的要素可以看出，获得利润实现盈利的主要途径，一是扩大销售（开源），二是控制成本（节流）。

不同企业获得利润的方式不同，主要利润来源如图 1-4 所示。

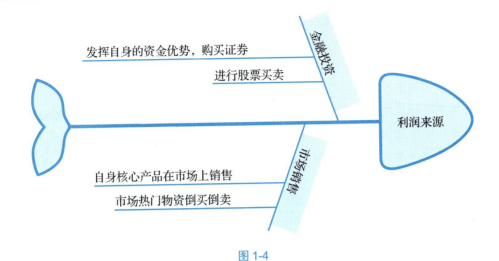

图 1-4

1.4.2 注册账号规则

注册账号规则主要有以下 4 条。

（1）用户名只能包含_，英文字母，数字；
（2）合法长度为 6～18 个字符；
（3）用户名不能以数字开头；
（4）密码不能小于 6 位。

1.4.3 注册公司规则

注册公司规则主要包括以下 6 条。
（1）新建公司
单击"新建"图标，开始公司注册。
（2）进入工商局
进入工商局办理公司注册等操作。
（3）核名
① 名称不可超过 8 个字符；
② 不可输入汉字以外的字符；
③ 已存在的公司名称不可重复注册。
（4）行业选择
选择所在行业，并且行业公司一旦确定后不可再更改。
（5）租房选址
① 只可选择办公楼入住；
② 入住已满的办公楼无法入住成功；
③ 租房/买房资金在第一个月运行至下一个月时自动扣除；
④ 办公楼入住价格将会根据楼盘周围房屋的增加而自动上涨。

（6）注资

注资账户将默认为公司主账户，是公司进行经济活动的唯一账户，主账户资金不足时，公司无法正常运行经济活动。

1.4.4 公共功能模块操作规则

系统涉及的公共功能模块操作主要有以下 13 个。

（1）政府

政府对每个公司来说都是必不可少的操作环节，公司的费用缴纳、每月使用水电的购买以及污染的治理都需要在政府模块进行操作。具体功能如图 1-5 所示。

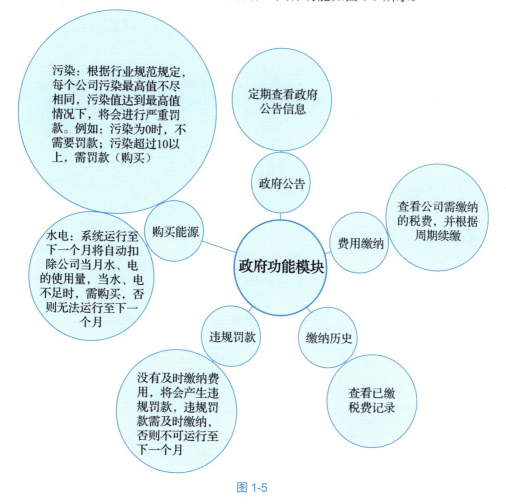

图 1-5

（2）中介

公司所有的固定资产都需在中介中进行购买，购买者需对固定资产的面积、地理位置、价格等进行考察。中介主要包括房产交易中心和国有资源交易中心。

① 房产交易中心

市场提供的固定资产与公司出售的固定资产都在房产交易中心显示，其中系统是有限提供，主要分为购买固定资产和出售楼盘两类。

购买固定资产的规则如图1-6所示。

购买固定资产的规则：
- 发布源为其他的楼盘信息才可购买
- 可选择城市及类型查找符合条件的楼盘信息，也可输入已知的楼盘名称直接查找
- 发布源为自己的楼盘不可购买
- 购买楼盘时需注意面积大小、地理位置及附属设备，特别对于酒店、超市这类企业，将会影响客流量
- 居民楼、办公楼每次购买楼层只有一层，可根据层数显示选择，已经被购买的楼层不显示
- 除酒店、超市、厂房、便利店、餐厅等可经营的楼盘外，其他楼盘购买后需在固定资产功能模块中操作才可使用

图1-6

出售楼盘的规则如图1-7所示。

出售楼盘的规则：
- 发布楼盘供应信息需交付中介费，发布数量不得超过已有数量
- 已使用的楼盘不可发布于房产交易中心
- 已发布的楼盘在发布期间不可再使用
- 已损坏的楼盘不可发布于房产交易中心
- 已发布的供应信息超过发布时间，系统将自动撤退
- 已发布的供应信息只可由发布者撤销，时间无限制
- 发布者在发布源为其他的界面中无法查看已发布的信息，需选择发布源为自己，才可查看已发布的信息

图1-7

② 国有资源交易中心

国有资源交易中心规则如图 1-8 所示。

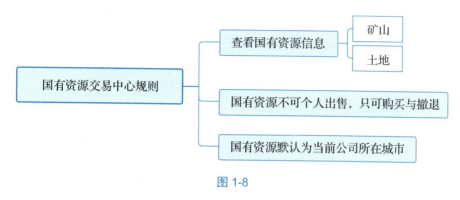

图 1-8

（3）固定资产

在中介购买的固定资产都统计在固定资产中，对于不同的固定资产，操作也各有不同，主要分为四大类，如表 1-2 所示。

表 1-2　固定资产操作规则

类　　别	规　　则
仓库	仓库在固定资产中的操作为启用、停用、维修。只有启用后仓库才可以储存物品，仓库停用之后无法储存物品，已储存物品的仓库不可实现停用操作
居民楼、办公楼	居民楼、办公楼的操作为入住、撤离、续费。公司注册时租用或购买的办公楼将默认归入固定资产，需在固定资产将其入住，若员工过多，可在中介继续购买办公楼。入住办公楼、居民楼可提高员工的效率
企业经营类资产	主要对酒店、超市、厂房、便利店、餐厅等可经营的固定资产信息进行查看、维修
国有资产	查看已拥有的国有资产信息与续费

（4）交易中心

交易中心是一套电子商务系统，包含所有商品流通信息的电子交易平台。所有的物资采购、物品的需求或供应信息的发布等在交易中心进行操作。所以交易中心作为所有买卖的桥梁和纽带，在商品供应环节发挥着重要的作用。交易中心主要包括自由贸易区、自贸区购物车、现货市场、购物车、需求市场、供货列表和我买到的货物 7 个子模块。

① 自由贸易区的操作规则如图 1-9 所示。

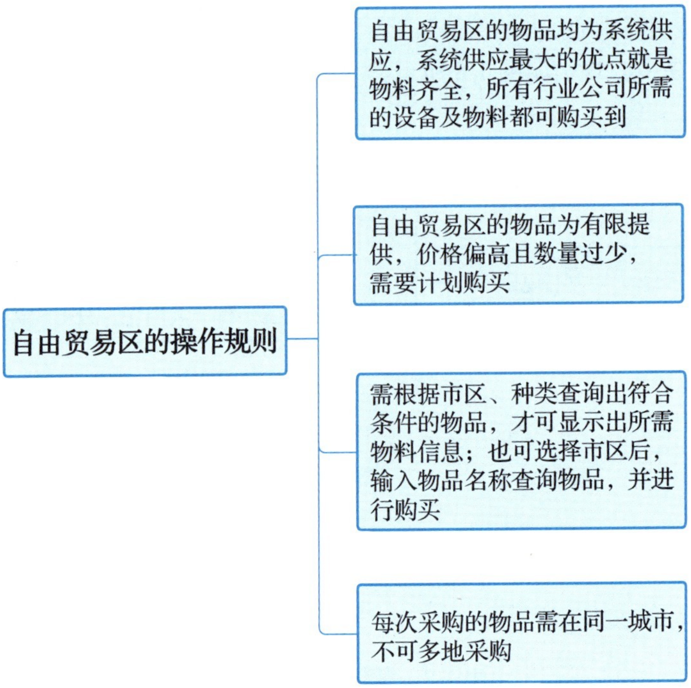

虚拟商业经营实践基础教程

图 1-9

② 自贸区购物车的操作规则如图 1-10 所示。

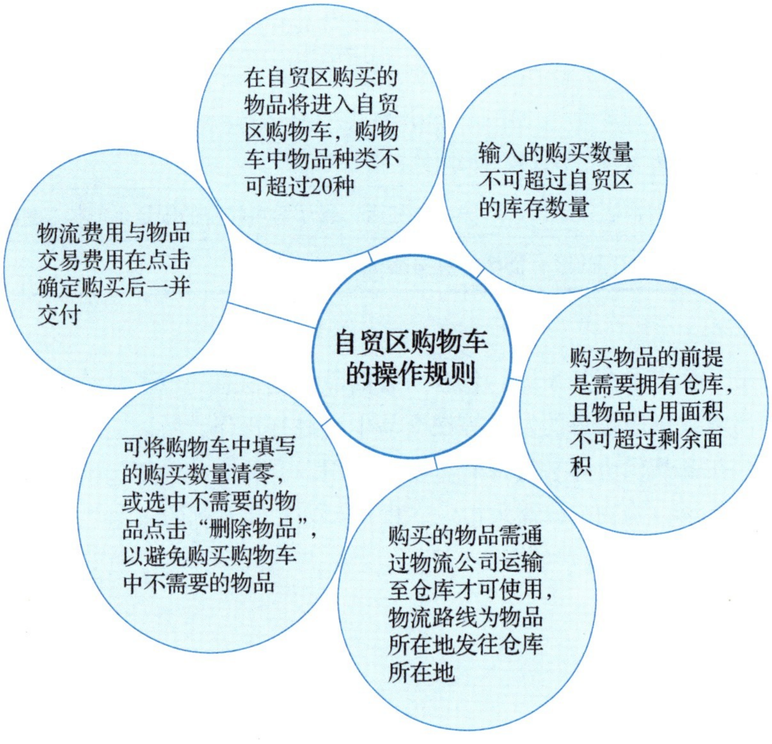

图 1-10

③ 现货市场的操作规则如图 1-11 所示。

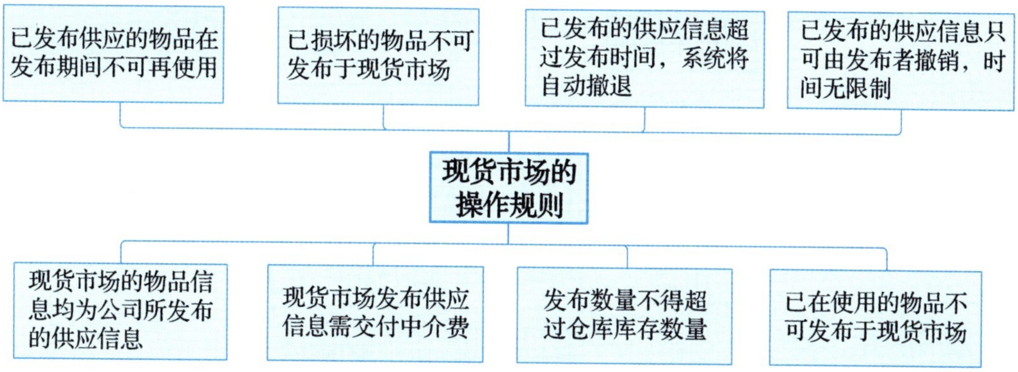

- 已发布供应的物品在发布期间不可再使用
- 已损坏的物品不可发布于现货市场
- 已发布的供应信息超过发布时间，系统将自动撤退
- 已发布的供应信息只可由发布者撤销，时间无限制
- 现货市场的物品信息均为公司所发布的供应信息
- 现货市场发布供应信息需交付中介费
- 发布数量不得超过仓库库存数量
- 已在使用的物品不可发布于现货市场

现货市场的操作规则

图 1-11

④ 购物车的操作规则如图 1-12 所示。

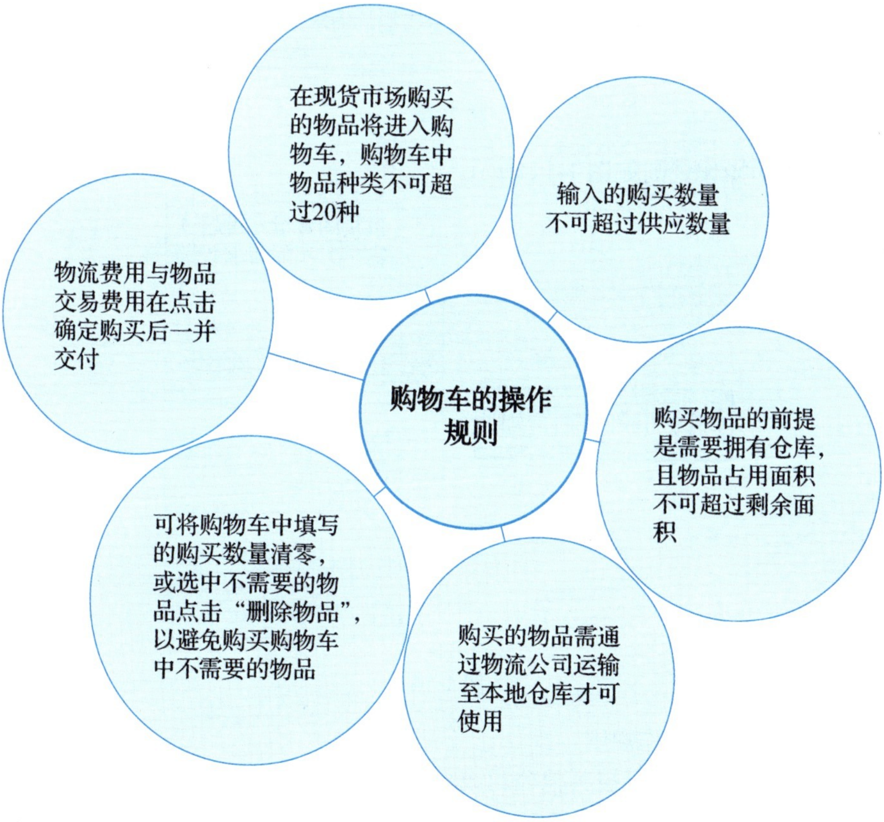

- 在现货市场购买的物品将进入购物车，购物车中物品种类不可超过20种
- 输入的购买数量不可超过供应数量
- 购买物品的前提是需要拥有仓库，且物品占用面积不可超过剩余面积
- 购买的物品需通过物流公司运输至本地仓库才可使用
- 可将购物车中填写的购买数量清零，或选中不需要的物品点击"删除物品"，以避免购买购物车中不需要的物品
- 物流费用与物品交易费用在点击确定购买后一并交付

购物车的操作规则

图 1-12

⑤ 需求市场的操作规则如图 1-13 所示。

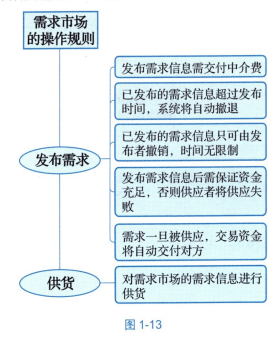

图 1-13

⑥ 供货列表的操作规则如图 1-14 所示。

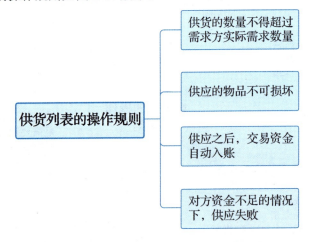

图 1-14

⑦ 我买到的货物的操作规则。

公司发布的需求产品，已被其他公司成功供货，将显示在我买到的物品中，选择入库仓库并收货，货物即可进入指定仓库。

（5）物流

物流是物品从供应地向接收地的实体流动过程中，根据实际需要，将运输、储存、装卸、搬运、包装、流通加工、配送、信息处理等功能有机结合起来实现用户需求的过程。

① 物流中心的操作规则。

物流中心的主要功能是查看所有物流公司的运力、起运价格等基本信息，并且实现发货及签约操作。具体操作规则如表1-3所示。

表1-3 物流中心的操作规则

类　别	规　　则
发货	物流中心的发货是单指仓库之间的移动运输工作。对没有签约物流公司的企业，需在物流中心选中的物流公司进行发货
签约	选择发货城市和收货城市，筛选符合条件要求的物流公司，进行签约。签约后企业只需在仓库界面单击"移动"按钮就可向其他仓库运输物品

② 订单管理的操作规则。

订单管理的主要功能是查看本公司所有的市场物流订单以及货物的运输状况，并对待收货物的订单进行卸货操作。订单管理直接影响货物的收货效率以及供应链的有效衔接，是公司在物流管理方面的一项重要工作。具体操作规则如表1-4所示。

表1-4 订单管理的操作规则

类　别	规　　则
卸货	向系统物流公司下达的订单可直接在卸货环节操作；向物流行业公司下达的订单需等待物流公司揽收、派送完成后方可执行卸货操作（此期间需要等待3～5分钟）
更换物流	下达订单后，物流公司长时间没有揽收，可以进行更换物流操作

（6）仓库

仓库的主要功能是查看所有物品的库存信息，并且可以对物品进行移动、修复、拆分、回收、修改仓库名称等操作。具体操作规则如表1-5所示。

表1-5 仓库的操作规则

类　别	规　　则
移动	移动仓库的物品需签约物流公司后才能移动，移动仓库将产生物流费用
修复	对仓库已损坏的物品进行修复工作，可减少损失
拆分	选择需要拆分的物品，进行拆分，输入提取的数值，即可完成拆分工作
回收	只有部分拥有残值的物品回收才会有回收价格，回收价格为物品当前价值的20%
修改仓库名称	可对仓库名称进行修改操作，修改的名称不可重复

（7）人力管理

人力管理是有关人事方面的计划、组织、指挥、协调、信息和控制等一系列管理工作的总称。具体操作规则如图1-15所示。

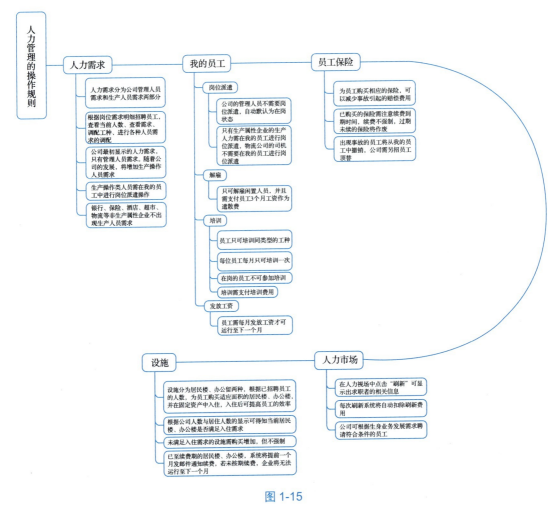

图 1-15

（8）保险

保险是分散风险、消化损失的一种经济补偿制度，具有经济补偿、资金融通和社会管理等功能，这几大功能是一个有机联系的整体。具体操作规则如表 1-6 所示。

表 1-6　保险的操作规则

类　别	规　则
固定资产保险中心、车辆保险中心	可为公司的固定资产以及车辆分别购买保险
我的保险	查看本公司所有已购买的保险，也可以根据保险类型和状态查询出符合条件的保险订单，并可以为已到期的保险续费
理赔详情	查看保险公司的理赔信息，并领取发放的理赔金
事故详情	可查看公司所有已发生事故

（9）银行

银行作为企业一个重要融资渠道，在企业运行资金供应链中起着不可替代的支撑作用，合理的融资方式关系到企业的存亡和发展。具体操作规则如表1-7所示。

表1-7 银行的操作规则

类别	规 则
我的银行	① 查看个人、公司账户总额；② 查看储存账户总额、贷款账户总额及其到期信息；③ 查看公司资产评估状态
我的账户	① 设置主账户 ● 排列第一位的默认为个人账户，个人账户不可直接作为公司经济交易使用，需将个人账户资金转入主账户； ● 注册时使用的注资账户默认为公司主账户； ● 除个人账户外，其他账户都可变更为主账户，存储账户变更主账户时，存储的定期资金不可作为公司经济业务交易使用。 ② 注销 ● 主账户不可注销； ● 其他账户注销后资金自动转入主账户。 ③ 转账 ● 各账户之间可相互转账
我的定期存款	① 已到期的定期存款可以提取并收获利息； ② 未到期的存款不可取出
我要存款	① 选择存款银行以及合适的存款年限办理存款业务； ② 存款成功后成立单个独立账户，此账户不作为公司经济业务交易使用，但公司若欠款未还，并且在公司主账户资金不足的情况下，存款账户将自动冻结，存储资金划入主账户将作为还款抵用
我的贷款	① 到期还款/利息，不可提前交付； ② 贷款只有在申请状态时才可撤销
抵押贷款	① 贷款 ● 选择贷款银行及合适的年限进行抵押贷款，由银行决定是否通过申请； ● 抵押物需是处于闲置状态无损坏的固定资产，并且只有整栋才可抵押，单层的固定资产不可抵押； ● 贷款金额不可超过抵押额度； ● 贷款时间分为物理时间（指现实时间）与系统操作时间，贷方需在约定的物理时间内完成系统操作时间，若约定的物理时间到期，系统操作的时间没有到期，依然按照约定的物理时间进行追债（如甲方公司向乙方公司贷款30万元，约定物理时间1小时，系统操作时间12个月，当物理时间已到期，系统操作时间为第6个月，此时，乙方公司向甲方公司发起追债）。 ② 还款 ● 贷方需每年支付银行贷款利息，到期还款。贷款利息从贷款当月开始，每运行12个月需偿还利息，否则无法运行至下一个月； ● 银行将在约定时间到期时向贷方公司以邮件通知的形式发起追债； ● 追债期间若未还款，银行将抵押物回收，兑换资金抵债

续表

类别	规　则
信用贷款	① 贷款 ● 选择贷款银行及合适的年限进行信用贷款，由银行决定是否通过申请； ● 保持良好的贷款记录，是提高信用贷款通过率的最好方式； ● 贷款金额不可超过可贷额度； ● 贷款时间分为物理时间（指现实时间）与系统操作时间，贷方需在约定的物理时间内完成系统操作时间，若约定的物理时间到期，系统操作的时间没有到期，依然按照约定的物理时间进行追债（如甲方公司向乙方公司贷款 30 万元，约定物理时间 1 小时，系统操作时间 12 个月，当物理时间已到期，系统操作时间为第 6 个月，此时，乙方公司向甲方公司发起追债）。 ② 还款 ● 贷方需每年支付银行贷款利息，到期还款。贷款利息从贷款当月开始，每运行 12 个月需偿还利息，否则无法运行至下一个月； ● 银行将在约定的时间到期时向贷方公司以邮件通知的形式发起追债； ● 追债期间若未还款，系统总自动扣除主账户资金，若主账户资金不足，将冻结除个人账户以外的所有账户资产还款，直到账款还清。公司所有账户仍未还清账款，则公司破产
贵金属账号	—
贵金属交易	—

（10）财务

财务的主要功能是查看公司经营的财务信息，为公司合理决策和配置资源提供有效依据，年末进行公司的年底结算，分析公司年度财务状况。财务信息主要包括资产负债表、利润表、交易明细和手工负债表。具体操作规则如表 1-8 所示。

表 1-8　财务的操作规则

类　别	规　则
资产负债表	由系统自动计算出的资产负债表信息
利润表	由系统自动计算出的利润表信息
交易明细	公司经营中每一笔资金交易都会记录在交易明细中，核对资金流向和金额，并且可以单击"记账"按钮进行手工记账操作
手工负债表	通过交易明细，手工制作记账凭证，系统根据手工制作的记账凭证自动生成手工负债表
年末结算	每年年末需在资产负债表中进行年底结算，才可进入下一年

（11）股票

股票的具体操作规则如表 1-9 所示。

第1章 跨校虚拟商业社区企业经营平台概述

表1-9 股票的操作规则

类 别	规 则
持仓	显示当前所持有的股票信息
买入	根据股票行情的分析，对股票进行购买；已停牌的股票不可购买
交易记录	记录股票的买卖信息
股票行情	查看当前股票行情，掌握涨跌走势，为投资做好充分准备

（12）地图

地图多用于房地产行业公司规划、竞拍地皮。其他行业公司进入地图，只可查看房屋地理位置等信息。具体操作规则如下所示。

① 地图上的每块方格为100平方米，规划的地皮不可低于100平方米；
② 已拍卖或已规划土地不可重复规划；
③ 土地分为市政用地、住宅用地、商业用地、工业用地；
④ 市政用地不可规划（如马路）；
⑤ 工业用地只可建造厂房、仓库；
⑥ 商业用地、住宅用地可建造酒店、超市、餐厅、便利店、居民楼、办公楼等建筑物。

（13）联系人

联系人的操作规则如表1-10所示。

表1-10 联系人的操作规则

类 别	规 则
收件箱	查看所有来件信息，并可选中邮件进行回复、转发和删除等操作
发件箱	查看所有已发送的邮件信息，并可对邮件进行续发与删除
联系人	①我的好友分组 我的好友分组默认为我的客户、我的好友两分类，可添加、修改、删除分类，分组名称不可重复。 ②好友名单 可对好友名单里的人员进行移动分组及删除操作，添加好友的前提是我的好友分组里必须有好友分组，添加好友需正确输入好友的公司名称。 ③用户详情 单击好友名单里的好友，其好友的公司信息都将显示在用户详情中，可对好友进行发送邮件操作

 本章小结

本章主要讲解了什么是虚拟平台，虚拟平台环境，如何使用虚拟平台教学，并重点讲解了虚拟平台经营规则。使学生对虚拟平台有一个初步和整体的认识,本章也是后续章节学习的基础。

 复习思考题

1. 虚拟平台是什么?
2. 房地产行业与哪些行业联系比较紧密?"跨校"是什么含义?
3. 申报许可时需要申报哪几种证?"多产业"是什么含义?
4. 房地产行业前期有哪些运营方面的风险?"多产业经营"又是什么含义?
5. 其他行业需要房地产的哪些建筑产品?政府管理、监督是什么?
6. 虚拟平台有什么功能?
7. 如何进行实践训练?
8. 创业实践如何展开?

第 2 章 房地产行业经营流程

 学习目标

1. 掌握房地产公司建设的基本流程。
2. 掌握房地产公司的建造流程。
3. 掌握房地产公司的运营规则。
4. 掌握房地产公司建设的销售渠道。
5. 掌握房地产公司与其他公司之间的交易流程。

 学习任务

详细准确地完成房地产公司的建设、建造、运营、销售及与其他公司交易的工作流程。

2.1 公司主界面介绍

（1）进入房地产开发经营公司主界面，显示正下方的 13 个图标为公共功能按钮，从左到右分别为"政府""地图""股票""银行""保险""财务""仓库""固定资产管理""交易中心""人力资源管理""物流中心""中介""运营"，如图 2-1 所示。

图 2-1

（2）进入主界面，正下方从右到左第一个按钮为"运营"按钮，如图 2-2 所示，单击可进入公司运营操作界面。

图 2-2

（3）主界面左上角显示公司 logo、公司名称、公司金额等基本信息，位置如图 2-3 所示。

第 2 章　房地产行业经营流程

图 2-3

（4）单击主界面右上角"运行下一个月"按钮，可推动系统周期至下一个月，位置如图 2-4 所示。

图 2-4

（5）单击主界面左上角"多选模式"复选框，可进行多个选择，位置如图 2-5 所示。

图 2-5

2.2 公司运营规则

公司运营规则包括土地竞价、我拍到的土地、我的土地和我的施工队 4 种。

2.2.1 土地竞价

土地竞价是房地产商相互之间竞争土地的一个操作环节,由规划土地的公司发起竞价,其他房地产行业公司均可参加竞价,主要包括规划土地和竞拍土地两个部分(见表 2-1)。

表 2-1 土地竞价操作规则

类别	规则
规划土地	①进入地图,规划土地; ②地图上的每个格子为 100 平方米,规划的地皮不可低于 100 平方米; ③已拍卖或已规划土地不可重复规划; ④土地分为市政用地、住宅用地、商业用地、工业用地; ⑤市政用地(如马路)、已建造的土地不可规划; ⑥工业用地只可建造厂房、仓库; ⑦商业用地、住宅用地可建造酒店、超市、餐厅、便利店、居民楼、办公楼等建造物; ⑧规划显示的土地价格只作为竞拍的起始价格,不是最终所支付的价格; ⑨土地根据地理位置来决定单价的增长
竞拍土地	①规划土地后,将开始竞价,其他房地产行业公司会收到竞价通知邮件; ②竞价起拍价格为土地实际价格,跟拍公司出价需高于上一位公司竞争价格; ③竞价时间为 5 分钟,竞价结束后,土地由出价最高者得,并自动扣除土地费用

2.2.2 我拍到的土地

我拍到的土地可以查看拍到的土地的信息，并提取土地用于接下来的建设操作。其规则包括以下 2 种。

① 只有竞价成功的土地才会出现在我拍到的土地界面；

② 土地需提取后才可规划建造。

2.2.3 我的土地

我的土地是一个重要的操作环节，所有楼盘规划建设都在这里进行操作。其规则包括缴费、退地、申报许可、土地管理、建设管理和影响建造效率的主要因素 6 种。

（1）缴费

① 土地需交付相关费用才可进入申报许可操作环节；

② 土地缴纳费用当前周期直接扣除。

（2）退地

① 退地成功后，所缴纳的费用不返还，只返还土地价值的 50%；

② 只有未规划的土地才可退地。

（3）申报许可

① 申报建设工程规划相关许可证才可规划土地；

② 一块土地只需申报一次；

③ 申报许可不需交付费用。

（4）土地管理

只有完成缴费和申报许可操作后，才可进行土地管理操作（见表 2-2）。

表 2-2　土地管理操作规则

类　别	操　作
新建规划	● 楼盘名称不可超过 8 个字符； ● 楼盘名称不可输入汉字以外的字符； ● 楼盘名称不可重复； ● 规划的楼盘土地使用面积不可超过当前土地面积； ● 楼盘面积大小超过土地面积无法进行规划操作； ● 同一块地皮只要面积足够，可以同时规划多个楼盘； ● 每次规划可规划 10 个楼盘，同一地皮在面积足够的情况下，可以规划多次
下达审批	● 必须在完成新建规划后下达； ● 下达审批后不可进行更改； ● 同一地皮的楼盘，一同下达审批； ● 下达审批后才可对该楼盘进行建设管理

（5）建设管理

建设管理的操作规则如表 2-3 所示。

表 2-3　建设管理操作规则

类　别	操　作
选择施工队	● 每个施工队只可建设一个楼盘； ● 施工队选择后无法改变
切换楼盘	当同时建设 2 个或 2 个以上的楼盘时，需切换楼盘操作
加料	● 将所有物料的库存达到配方的物料需求数量才算加料成功，原材料种类或数量的缺少，都将导致楼盘无法继续进行建造； ● 物料添加后仓库库存将相应减少； ● 每个楼盘都需进行加料操作
工作模式	● 为施工队选择工作模式，工作模式会影响施工进度； ● 工作模式设置后无法更改
安装设施	● 安装设施在建设前期只需安装投资一次； ● 安装费用一次性扣除； ● 不同类型的建筑物安装的设备不同
科研与投资	● 研发在建设前期只需研发投资一次； ● 研发费用一次性扣除； ● 不同类型的建筑物研发的项目不同
开始建设	● 每个楼盘只能建设一次； ● 开始建设后不能更改

（6）影响建造效率的主要因素

影响建造效率的主要因素主要有以下 4 点。

① 居民楼、办公楼的员工入住情况；

② 员工效率；

③ 施工队效率；

④ 科技研发。

2.2.4　我的施工队

我的施工队规则包括新建施工队、技术研发和设备管理 3 种（见表 2-4）。

表 2-4　我的施工队操作规则

类　别	规　则
新建施工队	① 名称不可超过 8 个字符； ② 不可输入汉字以外的字符； ③ 已存在的施工队名称不可重复使用； ④ 施工队分为大型、中型、小型三类； ⑤ 新建施工队需满足施工队的设备需求； ⑥ 新建施工队将增加生产人力需求，需进入人力资源管理招聘员工，并分配岗位

续表

类　别	规　则
技术研发	① 研发在建设前期只需研发投资一次； ② 施工队技术研发投资费用按研发周期分次扣除； ③ 施工队技术研发过程中不影响建设操作
设备管理	① 检测设备，并查看设备状态； ② 设备状态显示正常的设备不需要维修； ③ 对损坏的设备进行维修，系统自动扣除维修费用； ④ 设备损坏将影响施工队的工作效率； ⑤ 所有设备的平均损坏率达到 30%时，楼盘将自动停建。需将设备维修后才可继续建造

2.3　经营运作流程

公司的经营可分为建设期、建造期、运营期三个阶段（见表 2-5 到表 2-7），公司在整个流程中需控制风险，降低成本，提高生产质量、工作效率以及对市场的反应速度，最终提高市场竞争力从而达到利润最大化。

表 2-5　建设期运营指导

房地产业（房地产开发经营公司）运营指导				
时间	模块	项目	操作	说明
建设期	政府	缴纳费用	缴纳相关费用	
		购买能源	购买	水、电、污染
	中介	房产交易中心	购买仓库	只可购买发布源为其他楼盘
	固定资产资源	仓库	启用仓库	仓库需启用后才可使用
	人力资源管理	人力需求	人才招聘	公司办公人员（不需岗位派遣）
		人才市场		
		我的员工		
	运营	我的施工队	查看施工队设备需求	新建施工队时才可查看
	交易中心	交易中心、现货市场	购买设备	购物车最多一次购买20种类型物品
	物流中心	订单管理	卸货	向系统物流公司下达的订单可直接卸货。 向物流行业公司下达的订单需等待物流公司揽收派送后（等待 3～5 分钟后）才可卸货
	仓库		查看货物	

表 2-6　建造期运营指导

房地产业（房地产开发经营公司）运营指导				
时间	模块	项目	操作	说明
建造期	运营	我的施工队	安装设备	生产线的产品配方与产品研发中的产品生产技术相配对
			技术研发	必须在生产线建设完成后制定
	地图	闲置地皮	规划地皮	土地根据地理位置来决定单价的增长
	运营	土地竞价	土地竞价	土地由出价最高者得
		我拍到的土地	提取土地	土地需提取后才可规划建造
		我的土地	土地缴费	土地需交付相关费用
			申报许可	一块土地只需申报一次
			新建土地规划	同一地皮在面积足够的情况下，可以规划多次
			下达审批计划	下达审批计划后不可进行更改
	人力资源管理	人力需求	增添人力	生产人员（需岗位分配）
		人才市场		
		我的员工		
	固定资产管理	居民楼	员工入住	提高员工效率
		办公楼		
	运营	我的土地	建设楼盘	添加施工队
				添加物料
				设置工作时间
				安装设施
				科技与研发
				开始建设
	我的施工队	维护	维护设备	生产线每月只需维护一次，但不强制
		设备管理	检测、维修	设备的平均损坏率达到30%时，生产线将自动停产

表 2-7　运营期运营指导

房地产业（房地产开发经营公司）运营指导				
时间	模块	项目	操作	说明
运营期	运营	我的土地	出售（居民楼、办公楼）	系统销售
	中介	发布楼盘供应	发布楼盘供应信息（其他楼盘）	发布者不可购买

2.3.1　建设期

建设期规则包括缴纳税费、购买能源、购买固定资产、启用仓库、人力管理、查看施工队需求、购买设备、卸货和查看货物9种。

（1）缴纳税费

操作：进入"政府"界面，选择"费用缴纳"选项，选择要缴纳费用的选项，单击"缴费"按钮，如图2-6所示。

缴纳税费、购买能源操作演示

第 2 章 房地产行业经营流程

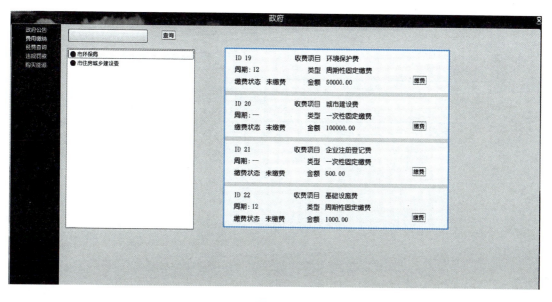

图 2-6

（2）购买能源

操作一：购买水、电能源，如图 2-7 所示。

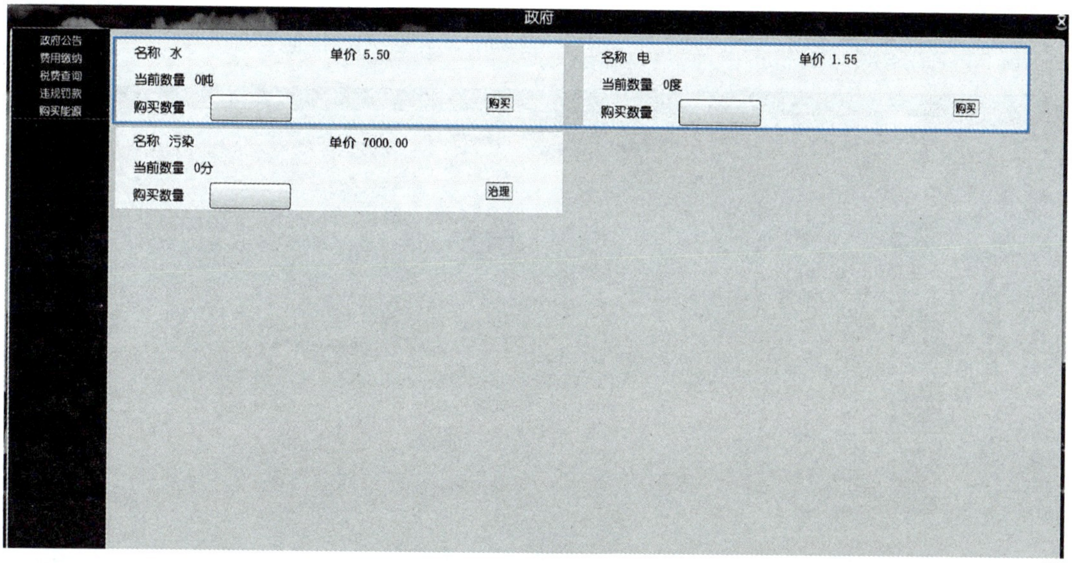

图 2-7

虚拟商业经营实践基础教程

操作二：对出现的污染，交付相应污染治理费，如图 2-8 所示。

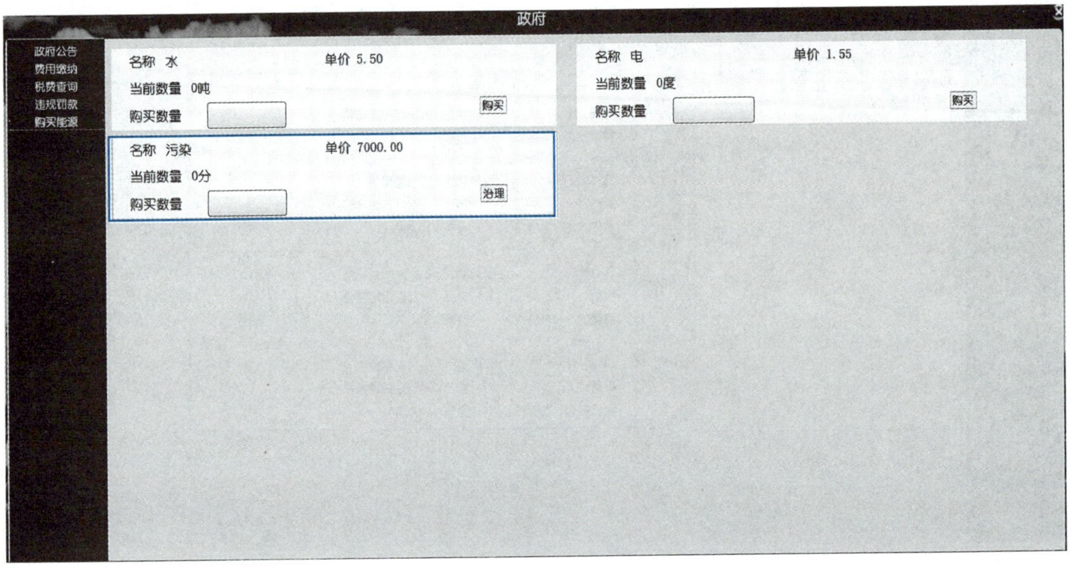

图 2-8

（3）购买固定资产

操作一：进入"中介"界面，选择"房产交易中心"选项。

操作二：选择"城市"与"类型"对应的选项，单击"确定"按钮，出现"仓库信息"界面，选择需要购买的仓库，并单击"购买"按钮，如图 2-9 所示。

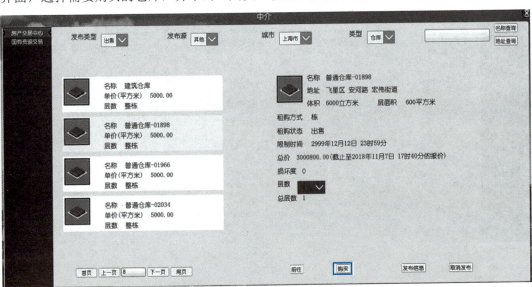

图 2-9

(4) 启用仓库

操作一：进入"固定资产管理"界面，查看固定资产信息。

操作二：选择"仓库"选项，单击"启用"按钮（仓库需启用后才可使用），如图 2-10 所示。

购买固定资产、启用仓库操作演示

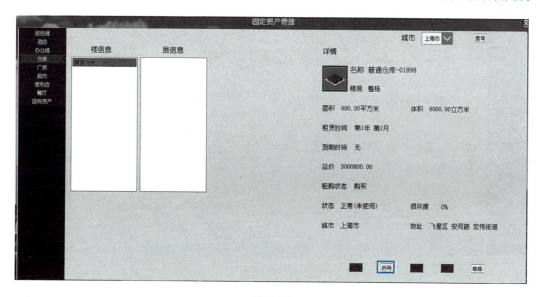

图 2-10

(5) 人力管理

操作一：进入"人力资源管理"界面，选择"人力需求"选项。

操作二：单击对应的公司，查看公司岗位需求，如图 2-11 所示。

人力资源管理操作演示

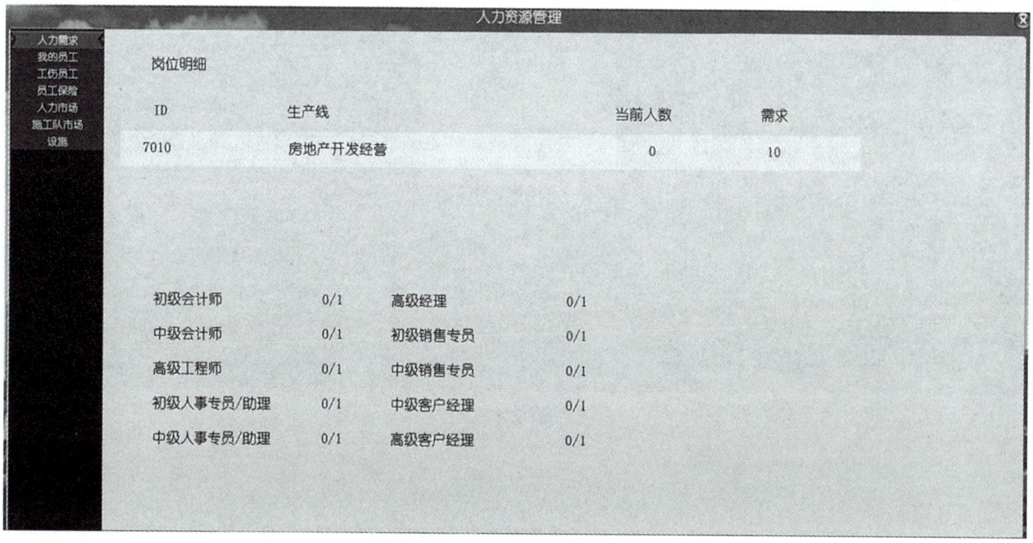

图 2-11

操作三：选择"人力市场"选项，并刷新。

操作四：根据人力需求，查找并招聘员工。员工需与人力需求的工种、人数、级别匹配一致，若人数不够或工种级别不对，则会导致公司无法正常运行，如图2-12所示。

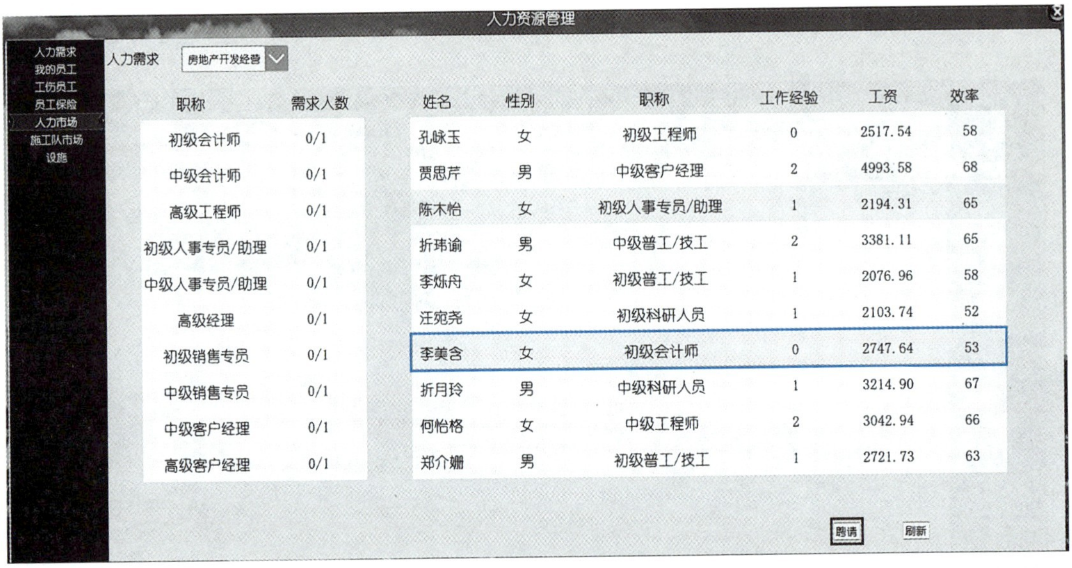

图 2-12

操作五：单击"我的员工"选项，选择对应的员工，单击"发放工资"按钮（每运行下一个月前需将员工工资发放完成才可进入下一个月），如图2-13所示。

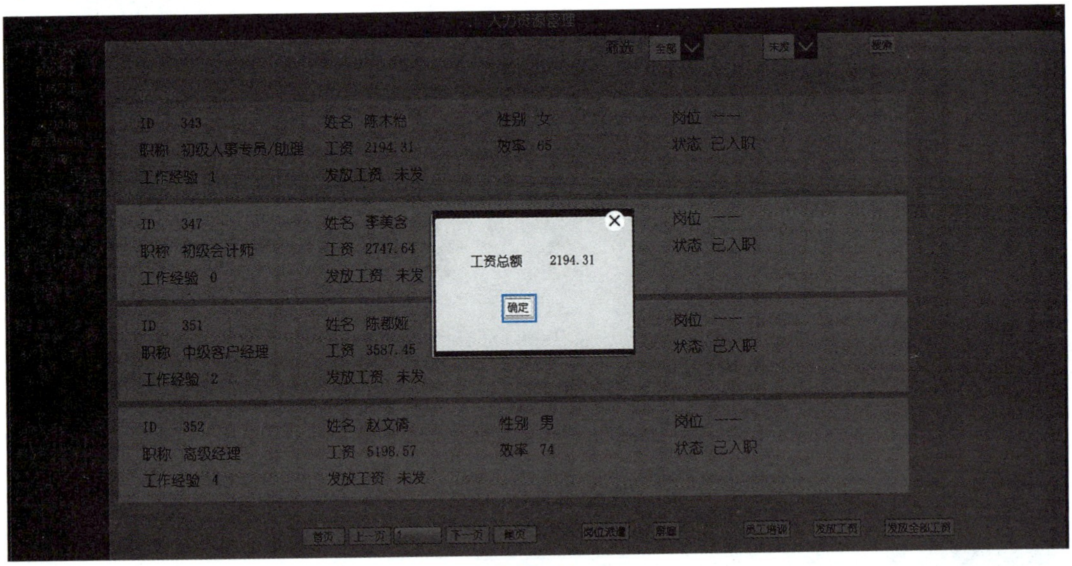

图 2-13

（6）查看施工队需求

操作一：进入"运营"界面，选择"我的施工队"选项，单击"新建施工队"按钮。

操作二：在弹出的界面中查看设备需求，如图2-14所示。

查看施工队需求操作演示

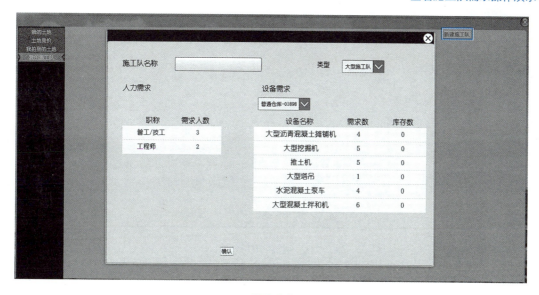

图 2-14

（7）购买设备

操作一：进入"交易中心"界面，选择"自由贸易区"选项。

操作二：选择物品城市、种类，或输入查找的物品名称，单击"确定"按钮，如图2-15所示。

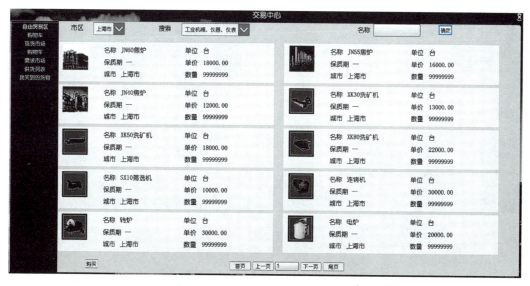

图 2-15

操作三：选择所需要的物品，单击"购买"按钮，如图 2-16 所示。

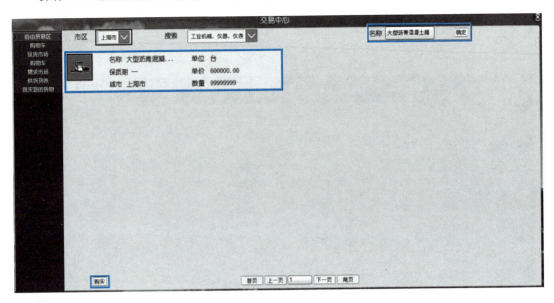

图 2-16

操作四：重复操作三步骤，购买所有设备。
操作五：在"自由贸易区-购物车"输入对应设备的数量，并选择收货仓库，如图 2-17 所示。

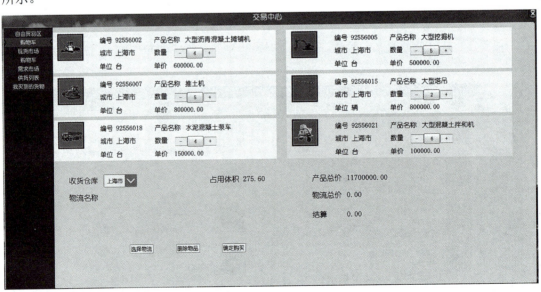

图 2-17

第2章 房地产行业经营流程

操作六：选择物流公司以及货运方式，单击"确认"按钮，如图2-18所示。

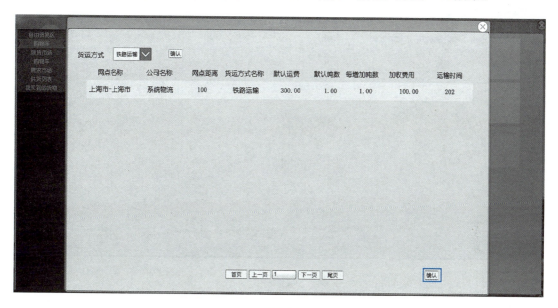

图 2-18

操作七：查看交易金额，并单击"确定购买"按钮，如图2-19所示。

图 2-19

（8）卸货

操作一：进入"物流中心"界面，选择"订单管理"选项。

操作二：查看待收货的订单，选择要卸货的订单，单击"卸货"按钮，如图2-20所示。

购买设备、卸货操作演示

虚拟商业经营实践基础教程

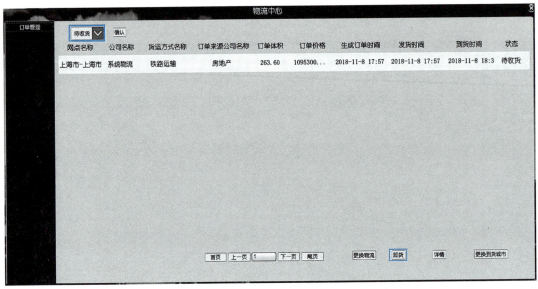

图 2-20

查看货物操作演示

（9）查看货物

操作：进入"仓库"界面，选择存放的仓库，查看仓库库存信息，如图 2-21 所示。

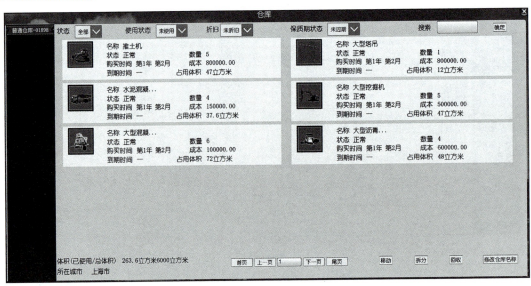

图 2-21

2.3.2 建造期

建造期规则包括安装设备、施工队技术研发、规划地皮、土地竞价、提取土地、土地缴费、申报许可、新建土地规划、下达审批计划、增添人力、增加固定资产、建造楼盘和维护及设备管理 13 种。

（1）安装设备

操作：进入"运营"界面，选择"我的施工队"选项，单击"设备管理"按钮，根据仓库库存添加设备，如图 2-22 所示。

安装设备、施工队技术研发操作演示

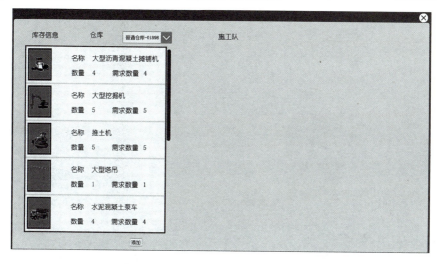

图 2-22

（2）施工队技术研发

操作：进入"运营"界面，选择"我的施工队"选项，单击"技术研发"按钮，单击所有"必须研发"带"是"的项目对应的"研发"按钮，如图 2-23 所示。

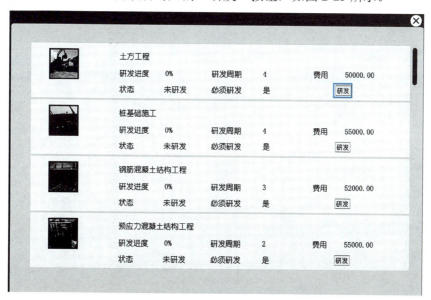

图 2-23

购置规划土地、提取土地操作演示

（3）规划地皮

操作：进入"地图"界面，划分出需要的土地面积，单击"确定"按钮，如图2-24所示。

图 2-24

（4）土地竞价

操作：进入"运营"界面，选择"土地竞价"选项，单击"进入"按钮设置合适的价格，如图2-25所示。

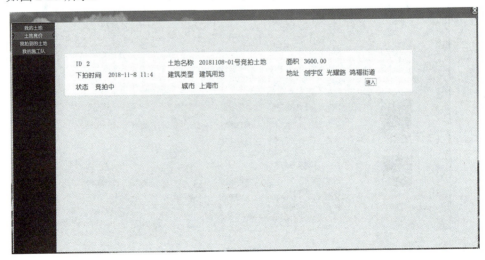

图 2-25

(5) 提取土地

操作：进入"运营"界面，选择"我拍到的土地"选项，单击"提取"按钮，如图 2-26 所示。

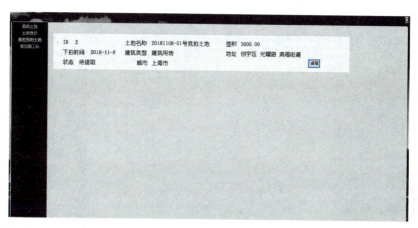

图 2-26

土地缴费、申报许可、
新建土地规划操作演示

(6) 土地缴费

操作：进入"运营"界面，选择"我的土地"选项，单击"缴费"按钮，查看缴费内容，单击"支付"按钮，如图 2-27 所示。

序号	收费项目	收费标准	执行单位	收费金额	备注
		参照基准地价	市、区县土地部		协议、招标、拍卖等
1	土地使用权出让金	参照土地使用费（视用途、地号段）	国土部门	72000.00	①方式内销六类用地
2	土地垦复基金	1万元/亩	市、县土地部门	43200.00	
3	菜地建设基金	1.8万-3万元/亩		46080.00	
4	土地补偿费	粮棉地5200、蔬菜地8800元/亩起	市、区征地事务所	36000.00	
5	青苗补偿费	粮棉地900、蔬菜地1600元/亩起	市、区征地事务所	8640.00	
6	地上地下附着物补偿	按《国家建设征地财物补偿标准》	市、区征地事务所	72000.00	
7	征地包干管理费	土地补偿等费用总额的2%	市、区征地事务部	144000.00	
8	征地包干不可预见费	土地补偿等费用总额的2%	市、区征地事务所	144000.00	
9	征地劳动安置补助费	按不同安置方式确定	劳动部门	72000.00	
10	征地养老安置费	签订养老安置协议	养老机构	144000.00	
11	征地农业人口安置管	劳动力安置费用总额的1.4%	劳动部门	100800.00	
12	征地安置不可预见费	劳动力安置费用总额的1.4%	劳动部门	100800.00	
13	征地占用林地补偿费	按《实施办法》具体规	林业局	144000.00	

图 2-27

（7）申报许可

操作：进入"运营界面"，选择"我的土地"选项，单击"申报许可"按钮，单击所有可申请的许可证对应的"申报"按钮，如图2-28所示。

图 2-28

（8）新建土地规划

操作：进入"运营"界面，选择"我的土地"选项，单击"土地管理"按钮，如图2-29所示。

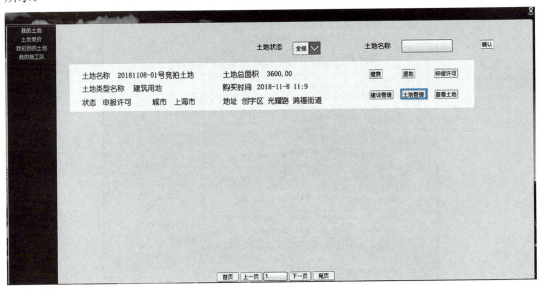

图 2-29

操作二：单击"新建规划"按钮，如图 2-30 所示。

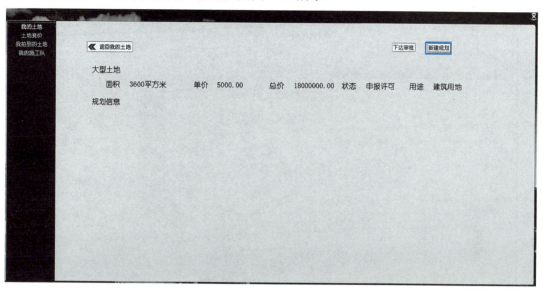

图 2-30

操作三：根据地皮用途，规划楼盘类型，如图 2-31 所示。

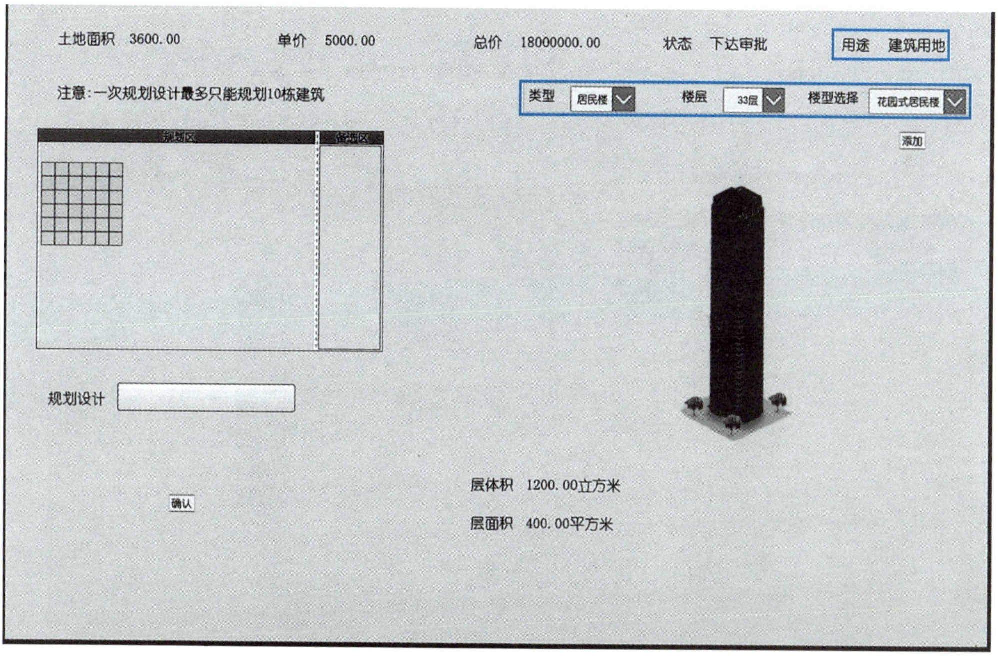

图 2-31

操作四：单击"确认"按钮，售楼盘格局选入备选区，如图 2-32 所示。

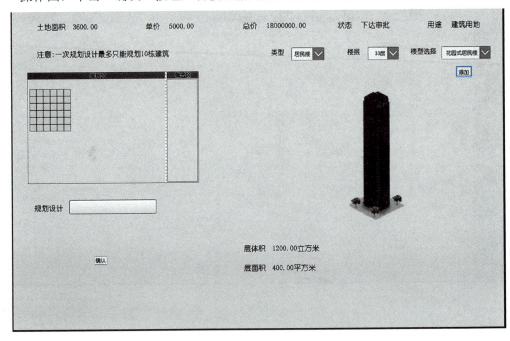

图 2-32

操作五：单击"备选区"选项下的"楼盘格局"图标，如图 2-33 所示。

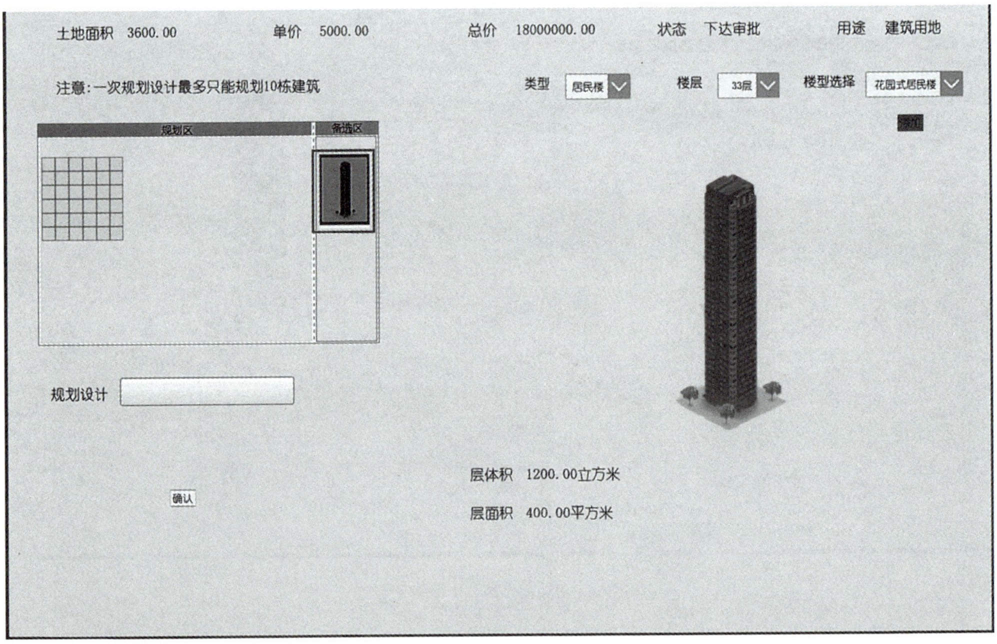

图 2-33

操作六：在"规划设计"文本框中输入楼盘名称，单击"确认"按钮，如图 2-34 所示。

（9）下达审批计划

操作：选择好对应的楼盘，单击"下达审批"按钮，如图 2-35 所示。

图 2-34

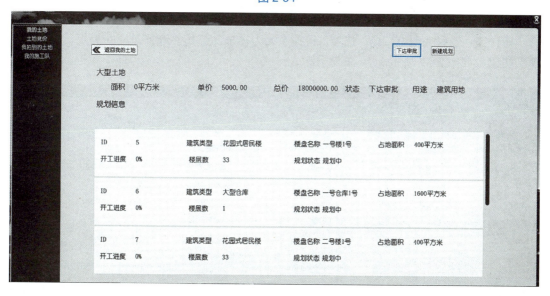

图 2-35

增添人力操作演示

（10）增添人力

操作一：进入"人力资源管理"界面，选择"人力需求"选项（每新增施工队，人力需求就会增加）。

操作二：选择对应的施工队，查看其工种与人数的需求量，如图 2-36 所示。

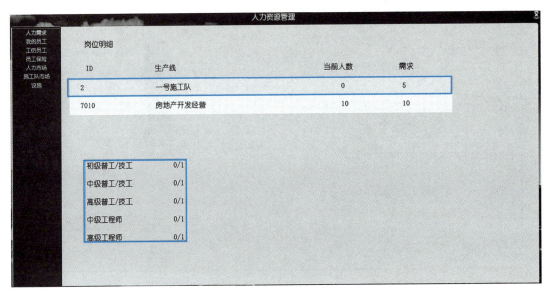

图 2-36

操作三：选择"人力市场"选项，根据"人力需求"查找并选择对应的员工，单击"聘请"按钮，如图 2-37 所示。

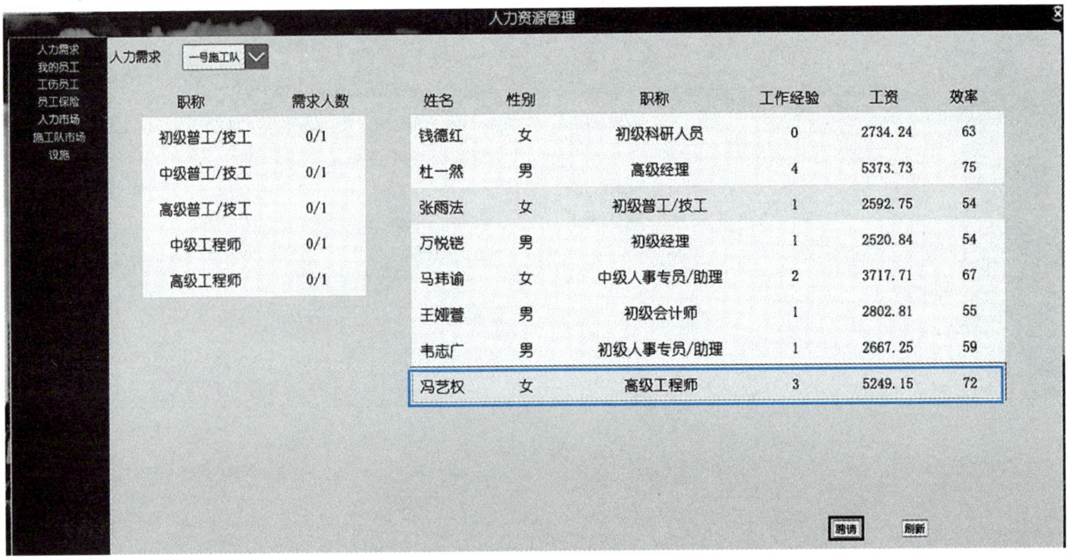

图 2-37

操作四:选择"我的员工"选项,分配生产线岗位,如图 2-38 所示。

图 2-38

操作五:选择需要配对的生产线,单击"确定"按钮,如图 2-39 所示。

图 2-39

操作六：选中超出计划的人员，单击"解雇"按钮，每次解雇需要支付 3 个月工资费用，如图 2-40 所示。

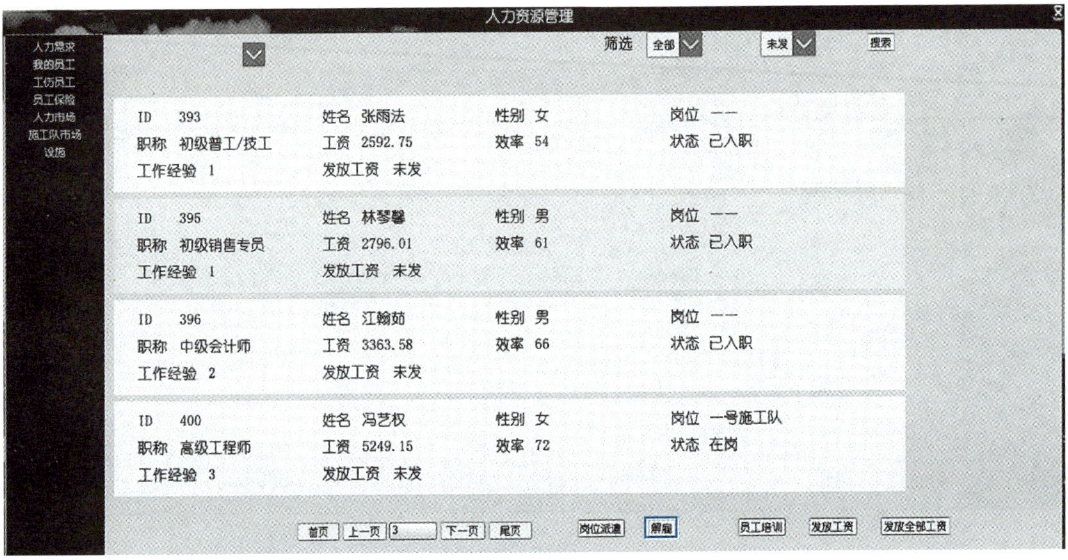

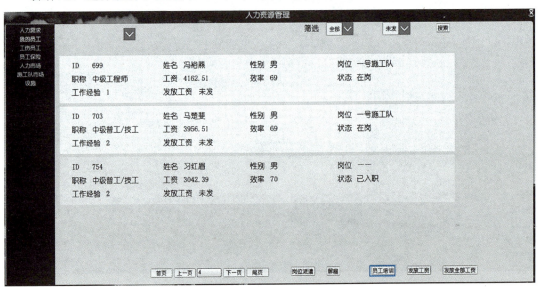

图 2-40

操作七：选择级别不够的员工，单击"员工培训"按钮，如图 2-41 所示。

图 2-41

操作八：选择好要培训的职位，单击"确定"按钮，并支付培训费用，将培训好的员工进行岗位分配，如图 2-42 所示。

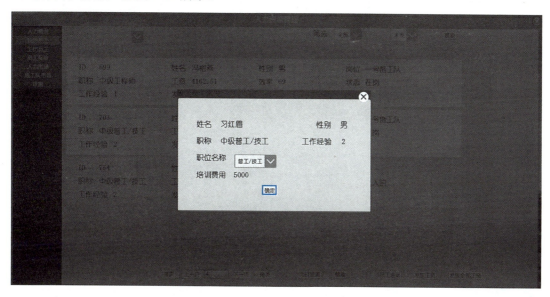

图 2-42

操作九：将岗位分配齐全，满足人力需求，如图 2-43 所示。

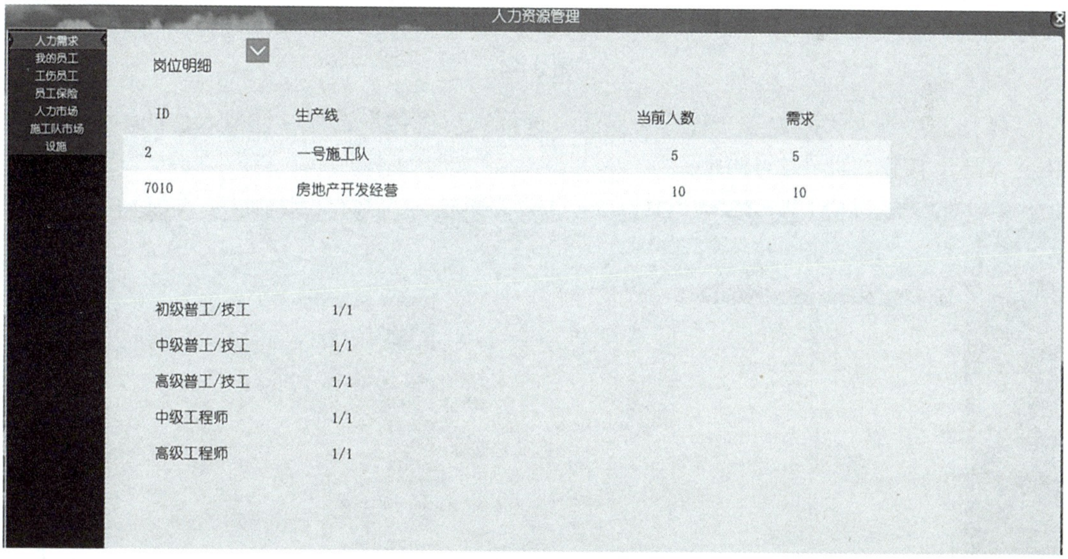

图 2-43

增加固定资产操作演示

(11) 增加固定资产

操作一：进入"中介"界面，选择"房产交易中心"选项。

操作二：选择对应的城市与类型，单击"确定"按钮，出现居民楼信息界面，选择需要购买的居民楼，并单击"购买"按钮，如图 2-44 所示。

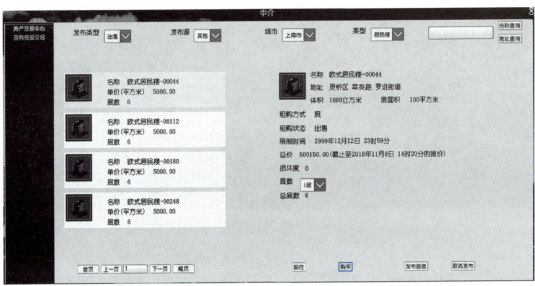

图 2-44

操作三：进入"固定资产管理"界面，选择"居民楼"选项，选择入住的楼信息，单击"入住"按钮，如图 2-45 所示。

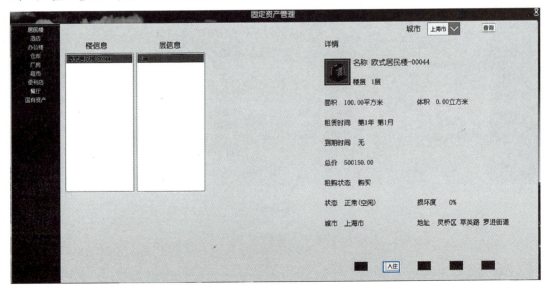

图 2-45

第 2 章 房地产行业经营流程

操作四：选择"办公楼"选项，选择入住的楼信息，单击"入住"按钮，如图 2-46 所示。

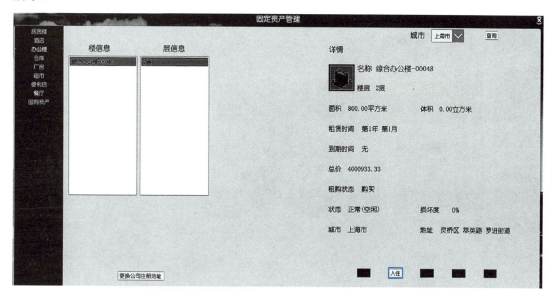

图 2-46

（12）建造楼盘

操作一：进入"运营"界面，选择"我的土地"选项，单击"建设管理"选项，如图 2-47 所示。

建造楼盘操作演示

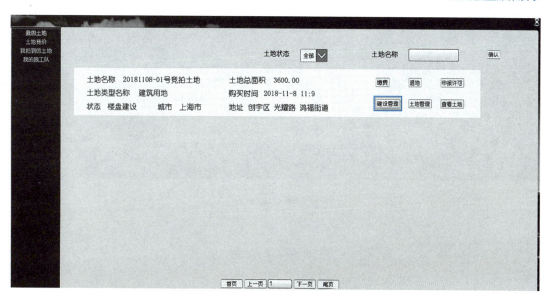

图 2-47

虚拟商业经营实践基础教程

操作二：根据生产线的物料需求，购买齐足够量的物料，单击"添加物料"按钮，如图 2-48 所示。

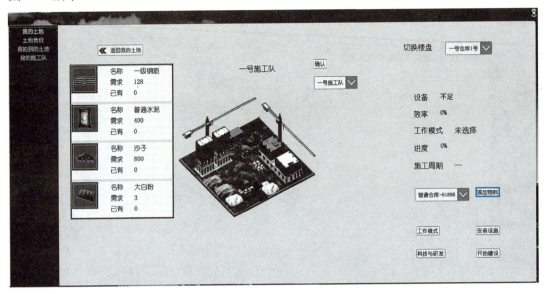

图 2-48

操作三：单击"工作模式"按钮，在弹出的界面中设置工作模式，单击"确认"按钮，如图 2-49 所示。

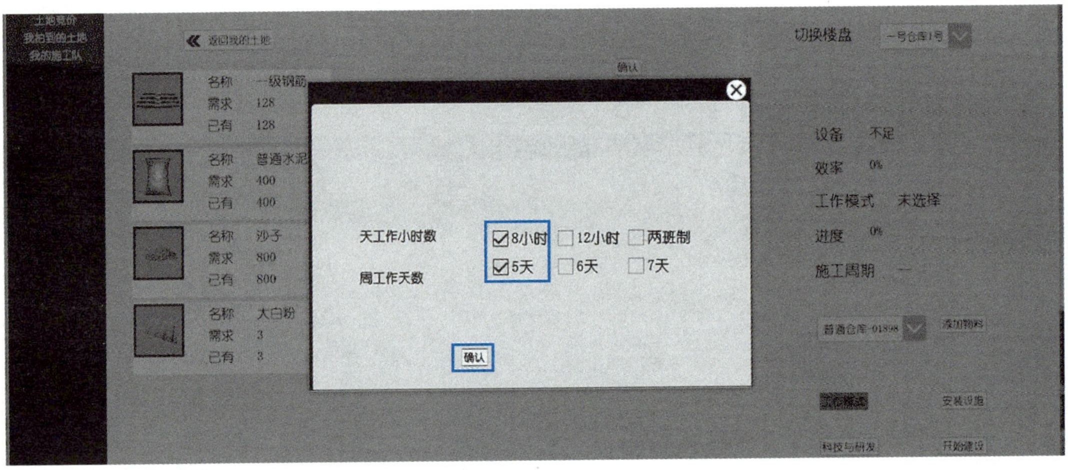

图 2-49

操作四：切换楼盘，如图 2-50 所示。

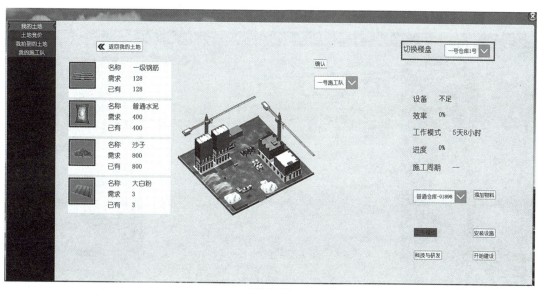

图 2-51

操作五：选择施工队，如图 2-51 所示。

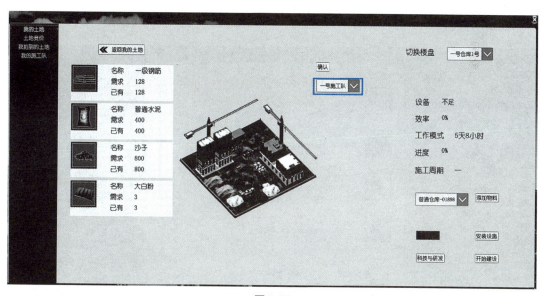

图 2-51

操作六：单击"安装设施"按钮，在弹出的界面中单击要安装的设施对应的"安装"按钮，如图 2-52 所示。

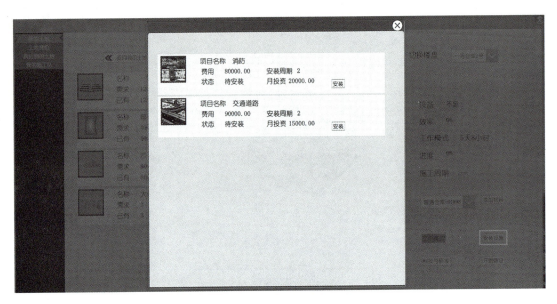

图 2-52

操作七：单击"科技与研发"按钮，在弹出的界面中单击要研发的项目对应的"研发"按钮，如图 2-53 所示。

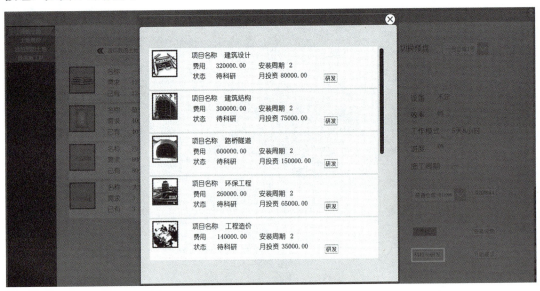

图 2-53

操作八：单击"开始建设"按钮，如图2-54所示。

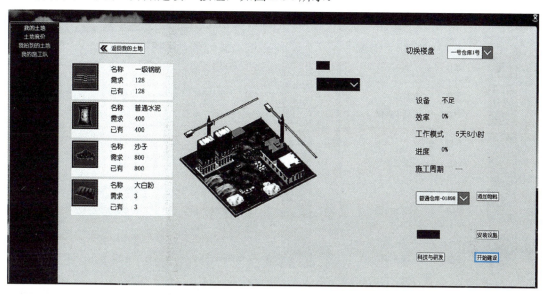

图 2-54

操作九：运行下一月，将系统周期推进直到进度达到100%，如图2-55所示。

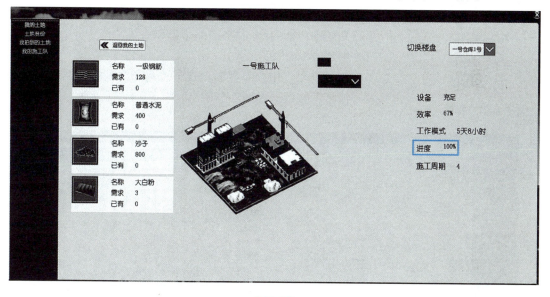

图 2-55

（13）维护及设备管理

操作一：选择"我的施工队"选项，进入设备管理界面。

操作二：查看设备状态，对已损坏的设备进行维修（若所有设备的平均损坏率达到30%，生产线将停产），如图2-56所示。

维护及设备管理操作演示

虚拟商业经营实践基础教程

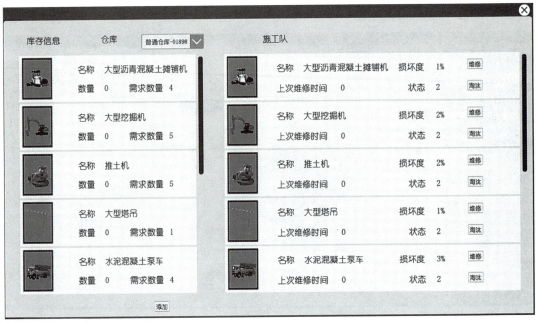

图 2-56

2.3.3 运营期

发布产品信息操作演示

运营期规则包括中介-发布产品信息和系统销售 2 种。

（1）中介-发布产品信息

操作一：进入"中介"界面，选择"房产交易中心"选项，单击"发布信息"按钮，如图 2-57 所示。

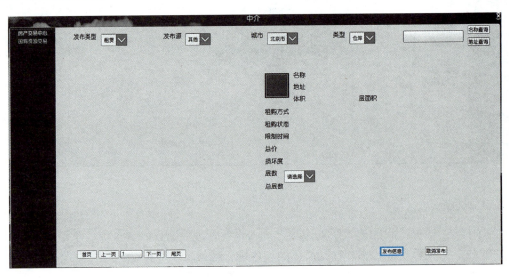

图 2-57

第 2 章 房地产行业经营流程

操作二：在弹出的界面中选择要发布的楼盘，设置租购类型、发布的时间、发布的数量及单价等信息，单击"确定"按钮，如图 2-58 所示。

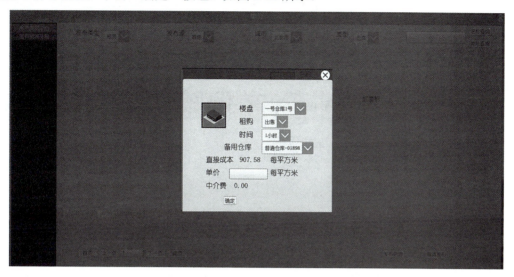

图 2-58

（2）系统销售

对于居民楼、办公楼，可直接在建筑界面设置出售价格，销售给当前平台公司所在系统。

 本章小结

本章主要讲解了创建房地产公司建设前期的运营规则、建设期的准备工作及运营期的运营工作。使学生对房地产公司有一个初步的认识，对房地产公司的经营工作有个整体的了解。

 复习思考题

1. 请列举建造一栋居民楼需要的步骤。
2. 房地产行业与哪些行业联系比较紧密？
3. 申报许可时需要申报哪几种证？
4. 房地产行业前期有哪些运营方面的风险？
5. 其他行业需要房地产行业的哪些建筑产品？

第 3 章 金融业财产保险公司经营流程

 学习目标

1. 掌握财产保险公司建设的基本流程。
2. 掌握财产保险公司的理赔流程。
3. 掌握财产保险公司的运营规则。
4. 掌握财产保险公司销售渠道。
5. 掌握财产保险公司与其他公司之间的交易流程。

 **学习任务**

详细准确地完成财产保险公司的建设、理赔、运营、销售及与其他公司交易的工作流程。

3.1 公司主界面介绍

（1）进入保险企业主界面，显示正下方的 13 个图标为公共功能按钮，从左到右分别为"政府""地图""股票""银行""保险""财务""仓库""固定资产管理""交易中心""人力资源管理""物流中心""中介""运营"，如图 3-1 所示。

第 3 章　金融业财产保险公司经营流程

图 3-1

（2）进入主界面，单击"运营"按钮可进入公司运营操作界面，如图 3-2 所示。

图 3-2

（3）主界面左上角显示公司 logo、公司名称、公司金额等基本信息，位置如图 3-3 所示。

图 3-3

（4）单击主界面右上角"运行下一个月"按钮，可运营至下一个月，位置如图 3-4 所示。

图 3-4

(5) 单击主界面左上角"多选模式"复选框，可进行多个选择，位置如图 3-5 所示。

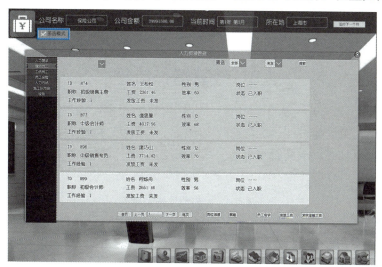

图 3-5

3.2 公司运营规则

公司运营规则包括险种设置、公司保单和理赔管理 3 种。

3.2.1 险种设置

险种设置是保险企业在市场竞争中制胜的关键之一，其规则包括以下 5 种。
① 可同时开设多个险种；
② 开设险种需要付费；
③ 费率设置完成，可选择是否开启自动理赔功能，开启需付费；
④ 对已设置的费率可做修改；
⑤ 已经生效的保单按照购买时费率计费。

3.2.2 公司保单

公司保单是企业的利润源泉，其规则包括以下 2 种。
① 可对申请保单进行处理；
② 对申请的保单可以拒绝。

3.2.3 理赔管理

理赔是保险公司的基本业务之一，也是保险公司赖以生存的信誉保证，其规则包括以下 2 种。

① 理赔状态为未理赔的保单，需要理赔，否则无法运行至下一个月；
② 固定资产保险的保单理赔是按照该固定资产的全值来计算。

3.3 经营运作流程

公司的经营可分为建设期、运营期两个阶段（见表3-1和表3-2），公司在整个过程中需控制风险，降低成本，提高应对市场的反应速度，最终提高市场竞争力从而达到利润最大化。

表3-1 建设期运营指导

时间	模块	项目	操作	说明
建设期	政府	缴纳费用	缴纳相关费用	
		购买能源	购买	水、电、污染
	人力管理	人力需求	人才招聘	公司办公人员（不需岗位派遣）
		人才市场		
		我的员工		
	运营	险种设置	启用并设置保险费率	启用不同的保险类别，设置不同的保险费率

表3-2 运营期运营指导

时间	模块	项目	操作	说明
运营期	运营	公司保单	查看保单	查看客户保单
		理赔管理	保险理赔	对需要理赔的保单进行理赔

3.3.1 建设期

建设期规则包括缴纳税费、购买能源、招聘员工和险种设置4种。

（1）缴纳税费

操作：进入"政府"界面，选择"费用缴纳"选项，单击"缴费"按钮，如图3-6所示。

缴纳税费、购买能源操作演示

第 3 章　金融业财产保险公司经营流程

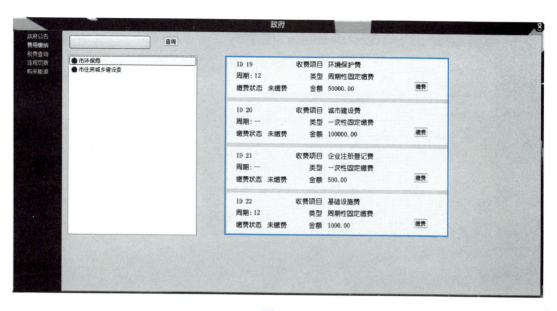

图 3-6

（2）购买能源

操作一：购买水、电能源，如图 3-7 所示。

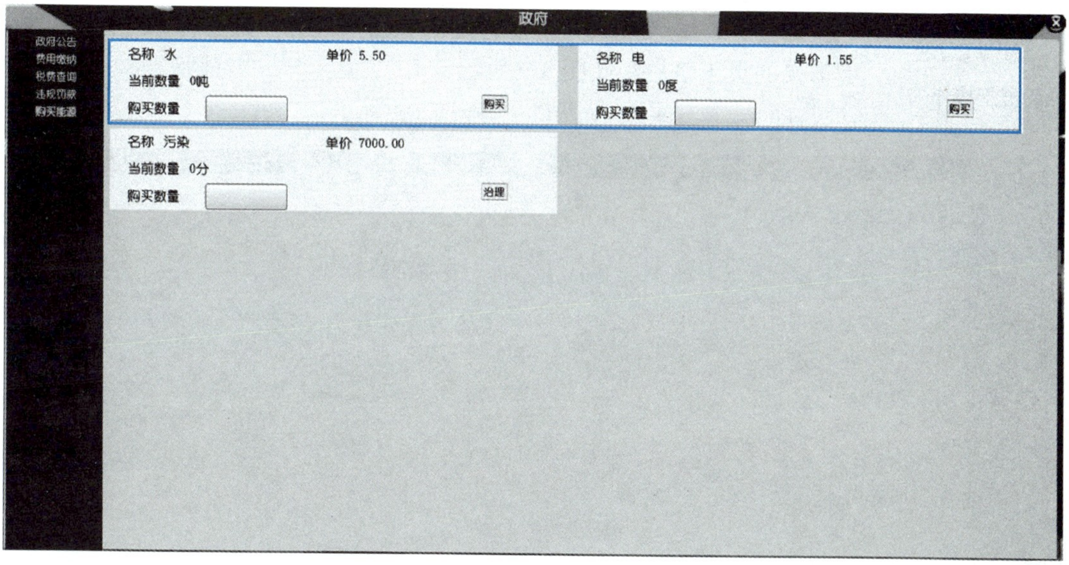

图 3-7

操作二：对出现的污染，交付相应污染治理费，如图 3-8 所示。

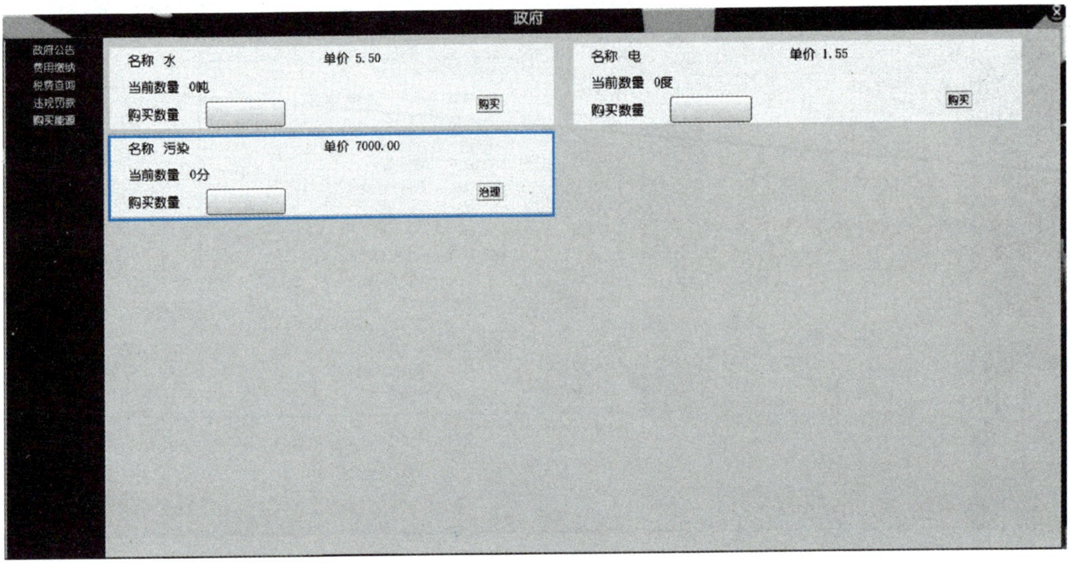

图 3-8

招聘员工操作演示

（3）招聘员工

操作一：进入"人力资源管理"界面，选择"人力需求"选项，查看需要的员工信息，如图 3-9 所示。

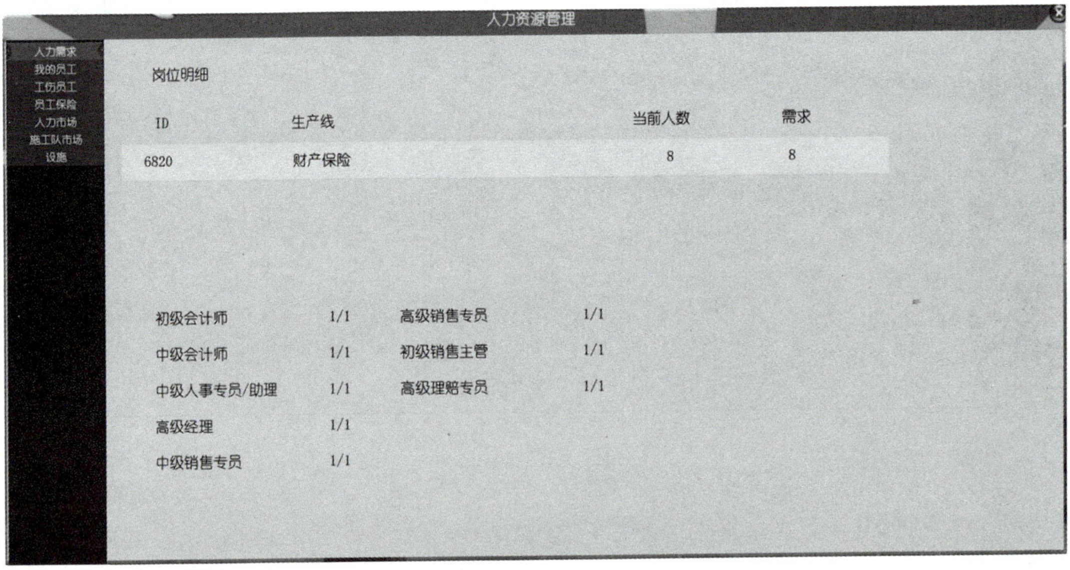

图 3-9

操作二：选择"人力市场"选项，选择所需要的人，单击"聘请"按钮（每次刷新人力资源信息需要支付相应的费用），如图 3-10 所示。

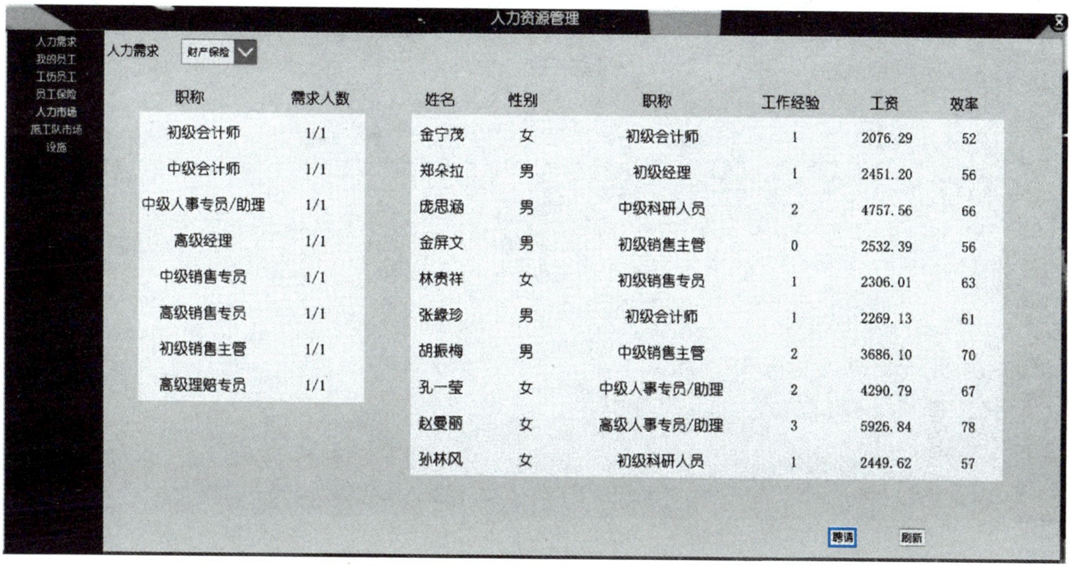

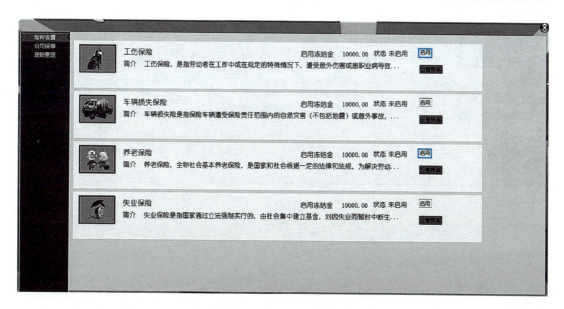

图 3-10

（4）险种设置

操作一：进入"运营"界面，单击选择"险种设置"选项，单击所选择险种对应的"启用"按钮，如图 3-11 所示。

险种设置操作演示

图 3-11

在弹出的"启用成功"提示框中单击"确定"按钮，如图 3-12 所示。

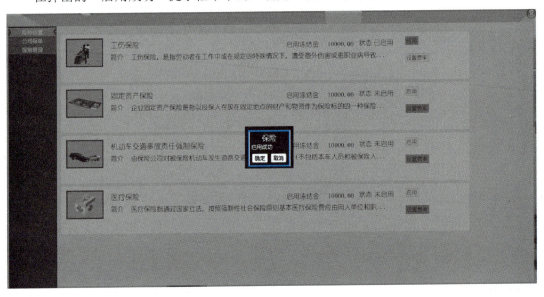

图 3-12

操作二：险种启用成功后，单击所选择险种对应的"设置费率"按钮，如图 3-13 所示。

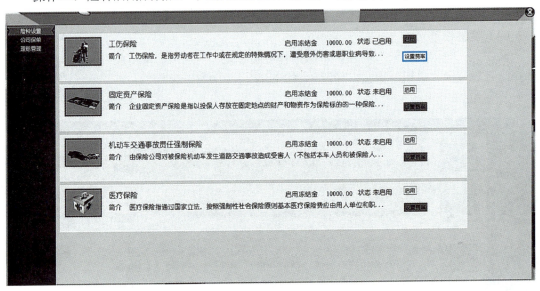

图 3-13

第 3 章 金融业财产保险公司经营流程

操作三：设置费率，并单击"确认"按钮，如图 3-14 所示。

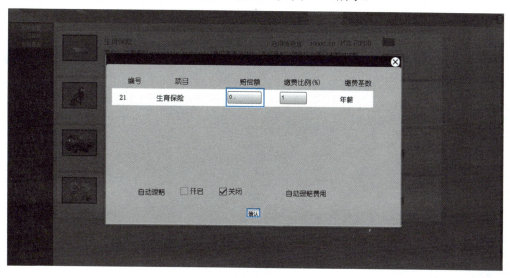

图 3-14

3.3.2 运营期

运营期规则包括公司保单和理赔管理 2 种。

（1）公司保单

操作一：进入"运营"界面，选择"公司保单"选项，可以进行投保，并且对投保的单位（或个人）进行查看，进行同意或拒绝处理，根据情况单击"同意"或者"拒绝"按钮，如图 3-15 所示。

购买保险操作演示　　处理公司保单操作演示

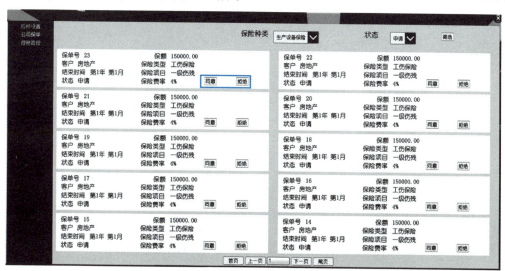

图 3-15

（2）理赔管理

操作：进入"运营"界面，选择"理赔管理"选项，对理赔状态为未赔偿的保单进行理赔处理，如图3-16所示。

图 3-16

 本章小结

本章主要讲解了创建财产保险公司、建设前期的运营规则、建设期的准备工作及运营期的运营工作。使学生对财产保险公司有一个初步的认识，对财产保险公司的经营工作有个大致的了解。

 复习思考题

1. 本行业共有多少种保险？
2. 假如让你给物流公司推荐保险，你觉得他们适合购买哪几种保险？
3. 某行业需要给员工购买保险，你觉得他们适合购买哪几种保险？
4. 某公司购买了固定资产保险后发生了地震与火灾，是否都要赔付？
5. 某物流公司购买了车辆保险后遭遇地震，车辆损毁，是否需要进行赔付？

第4章 交通运输业物流公司经营流程

学习目标

1. 掌握交通运输业物流公司建设的基本流程。
2. 掌握交通运输业物流公司货运方式种类及到货时间。
3. 掌握交通运输业物流公司的运营规则。
4. 掌握交通运输业物流公司与其他公司之间的交易流程。

学习任务

详细准确地完成物流公司的建设、货运方式及到货时间的选择、运营及与其他公司交易的工作流程。

4.1 公司主界面介绍

（1）进入物流企业主界面，显示正下方的 14 个图标为公共功能按钮，从左到右分别为"政府""地图""股票""银行""保险""财务""仓库""固定资产管理""交易中心""人力资源管理""物流中心""中介""运营""投资设置"，如图 4-1 所示。

图 4-1

（2）进入主界面，单击"运营"按钮可进入公司运营操作界面，如图 4-2 所示。

图 4-2

(3)主界面左上角显示公司 logo、公司名称、公司金额等基本信息,位置如图 4-3 所示。

图 4-3

(4)单击主界面右上角"运行下一个月"按钮,可运营至下一个月,位置如图 4-4 所示。

图 4-4

（5）单击主界面左上角"多选模式"复选框，可进行多个选择，位置如图 4-5 所示。

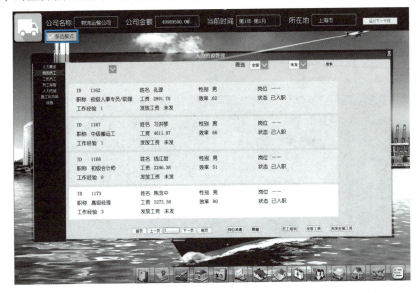

图 4-5

4.2 公司运营规则

公司运营规则包括订单管理、车辆管理、网点线路管理、运费管理和货运方式 5 种。

4.2.1 订单管理

订单管理规则包括接收、配送和卸货 3 种（见表 4-1）。

表 4-1 订单管理规则

类 别	规 则
接收	① 接收订单是物流企业运作的关键业务之一； ② 接收订单是企业的主要盈利方式； ③ 接收订单的前提是公司拥有充足的办公人员以及足够的运输能力； ④ 未及时接收的订单，发货方可取消
配送	① 配送是完成客户订单的关键步骤； ② 接收订单后需要在车辆管理中进行发车运输操作； ③ 配送需要选择运输方式和运输车辆； ④ 运输的物品不能超过单个运输设备最大载重量； ⑤ 接收订单后半小时内不配送，系统自动送达，承运企业支付同等物流费用，退还发货方物流费用的 50%
卸货	① 发车的订单需要一定的运输时间； ② 运输到达后才能卸货

4.2.2 车辆管理

车辆管理是提高企业盈利的关键因素之一,其管理规则包括添加运力、加油、发车、检测、维修和停用 6 种(见表 4-2)。

表 4-2 车辆管理规则

类 别	规 则
添加运力	① 运力是企业的货物输送能力; ② 添加运力需有相应的运输设备; ③ 新添加的车辆,每辆至少要配备两名司机; ④ 运货的车辆到达目的地后,停放在目的地
加油	① 运输工具不同,新添加的燃料不同; ② 与车辆不在同一城市的燃料,不能添加; ③ 燃料数量不足,不能添加
发车	① 发车即运输物资; ② 发车要保证车辆状态正常; ③ 每辆车每月不可超过发车总次数; ④ 车辆发货至异地后,车辆变更为当前所在地的运力; ⑤ 计划发出的车辆需要添加足够的燃料
检测	① 检测车辆状态; ② 检测需要支付检测费用
维修	① 对损坏的车辆进行维修; ② 维修需要支付相应的维修费用
停用	① 只可对闲置的车辆进行停用操作; ② 停用前需要先撤销车辆配备的所有司机

4.2.3 网点线路管理

网点线路管理是物流运输企业的重要环节之一,合理设置网点线路,可以保证物资迅速快捷地运输,也可以节约企业运输成本。其管理规则包括新增网点线路、扩大仓库和扩大运力 3 种(见表 4-3)。

表 4-3 网点线路管理规则

类 别	规 则
新增网点线路	① 新增网点线路需通过建设施工队进行投资建设; ② 可同时新增多个网点线路
扩大仓库	① 扩大仓库需要拥有闲置的仓库; ② 扩大仓库需要根据网点所在地合理规划仓库所在地
扩大运力	① 扩大运力即为网点线路增加运输工具; ② 扩大运力需要保证运输工具与网点线路运输方式所需运输工具一致; ③ 扩大运力前需要在车辆管理中添加运输工具

4.2.4 运费管理

运费是物流运输企业的主要收入，合理的运费是吸引客户的主要因素之一。运费管理的规则就是合理地设置运输收费标准。

4.2.5 货运方式

货运方式是物流运输行业盈利的命脉之一，合理地设置货运方式可以节约成本。货运方式的规则就是根据自身公司需求添加。

4.3 经营运作流程

经营运作流程包括建设期和运营期 2 种。

4.3.1 建设期

建设期规则包括缴纳税费、购买能源、购买固定资产、启用仓库、新建线路、网点管理、配置货运方式、租赁或购买运输设备、卸货、查看库存、添加车辆、添加燃料、分配司机和设置运费 14 种。

缴纳税费、购买能源操作演示

（1）缴纳税费

操作：进入"政府"界面，选择"费用缴纳"选项，选择要缴纳费用的选项，单击"缴费"按钮，如图 4-6 所示。

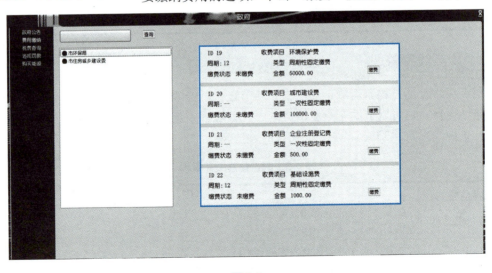

图 4-6

（2）购买能源

操作一：购买水、电能源，如图 4-7 所示。

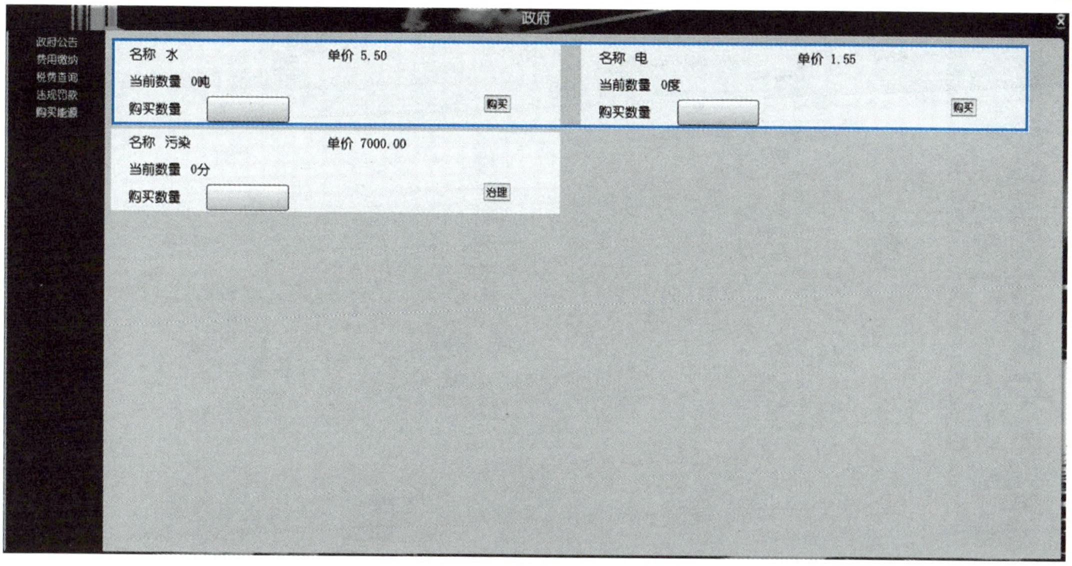

第 4 章　交通运输业物流公司经营流程

图 4-7

操作二：对出现的污染，交付相应污染治理费，如图 4-8 所示。

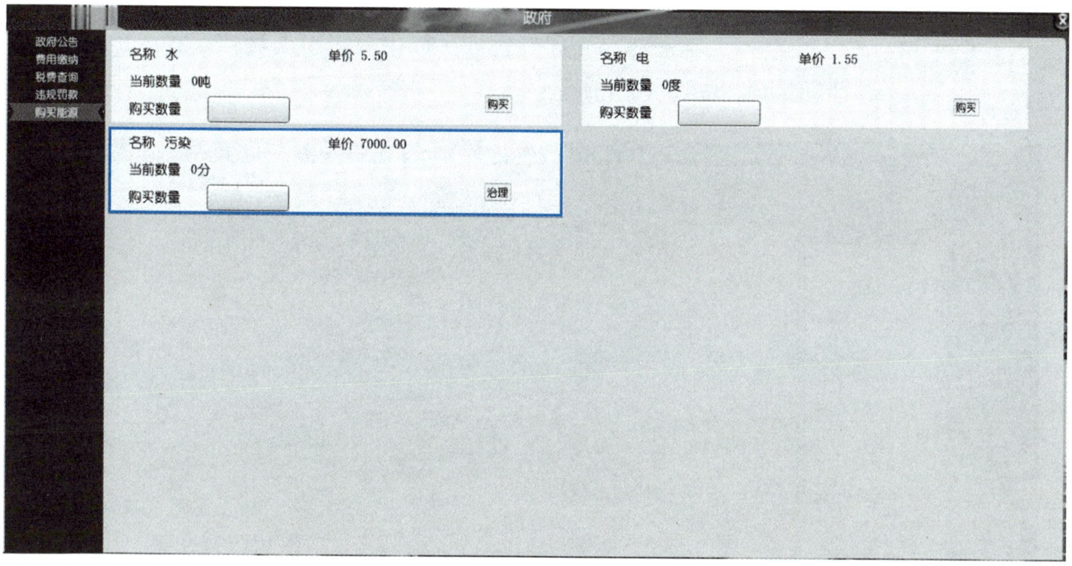

图 4-8

（3）购买固定资产

操作一：进入"中介"界面，选择"房产交易中心"选项。

操作二：选择发布源、城市与类型，单击"确定"按钮，出现仓库信息界面，选择需要购买的仓库，并单击"购买"按钮，如图 4-9 所示。

购买固定资产操作演示

虚拟商业经营实践基础教程

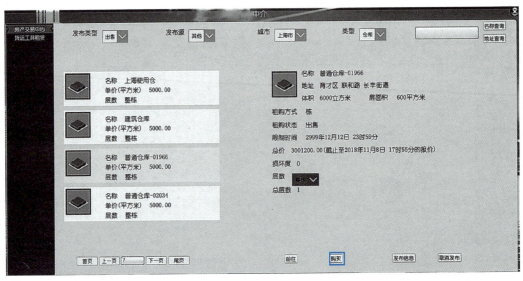

图 4-9

启用仓库操作演示

（4）启用仓库

操作一：进入"固定资产管理"界面，查看固定资产信息。

操作二：选择"仓库"选项，单击"启用"按钮（仓库需启用后才可使用），如图 4-10 所示。

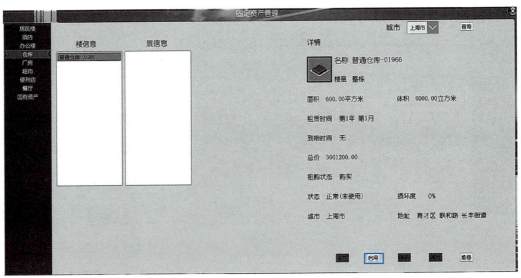

图 4-10

（5）新建线路

操作一：进入"运营"界面，选择"新建线路"选项。

操作二：单击"新建"按钮，在弹出的界面中开设新的网点线路，如图 4-11 所示。

78

第 4 章　交通运输业物流公司经营流程

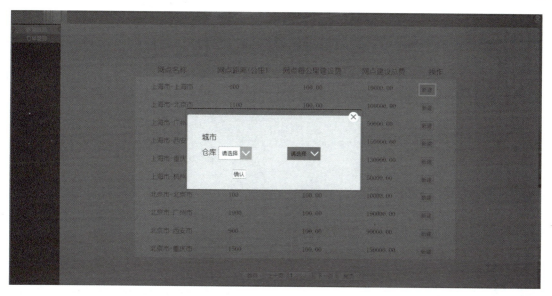

图 4-11

（6）网点管理

操作一：进入"人力资源管理"界面，选择"施工队市场"选项，在施工队市场中招聘建设施工队，如图 4-12 所示。

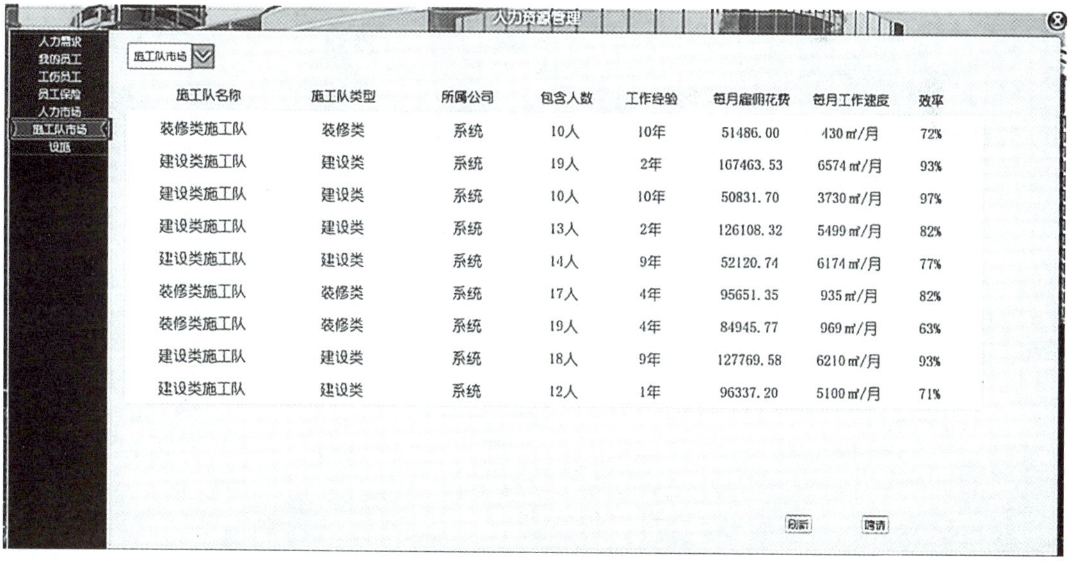

图 4-12

操作二：进入"运营"界面，选择"网点管理"选项，如图 4-13 所示。

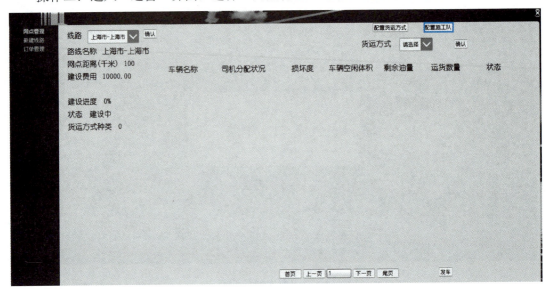

图 4-13

操作三：单击"配置施工队"按钮（见图 4-13），进入配置施工队界面，如图 4-14 所示。

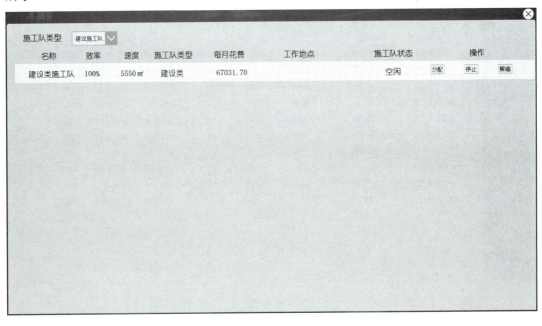

图 4-14

第 4 章　交通运输业物流公司经营流程

操作四：选择空闲的施工队，单击"分配"按钮，将其分配给需要建设的网点线路，如图 4-15 所示。

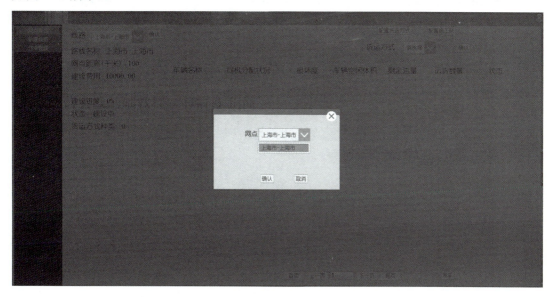

图 4-15

操作五：建设施工队分配完成后，单击"投资设置"按钮进行投资。

第一步：在"资金"后面输入投资的钱（投资金额最少是招聘的建设施工队价钱的 30%），并单击"投资"按钮，如图 4-16 所示。

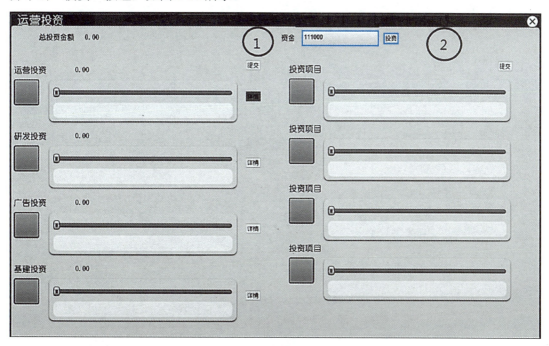

图 4-16

第二步：将"基建投资"滚动条拉到最右边，单击"提交"按钮，如图 4-17 所示。

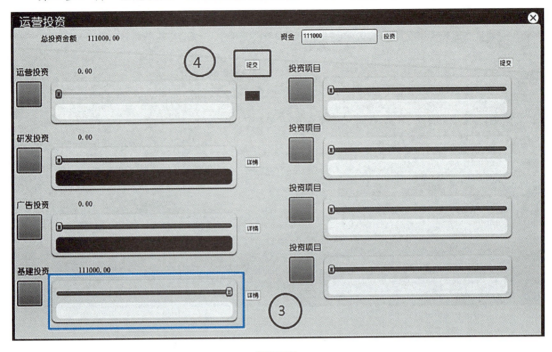

图 4-17

在弹出的"投资金额已确认"提示框中单击"确定"按钮，如图 4-18 所示。

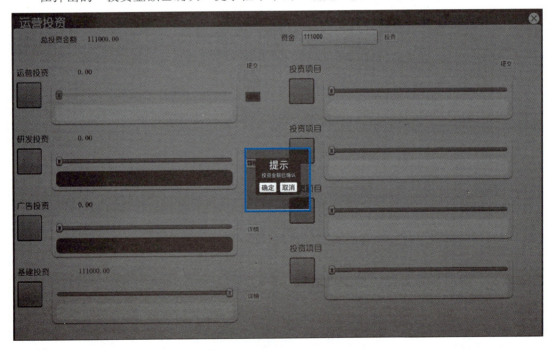

图 4-18

第 4 章 交通运输业物流公司经营流程

第三步：单击"详情"按钮，如图 4-19 所示。

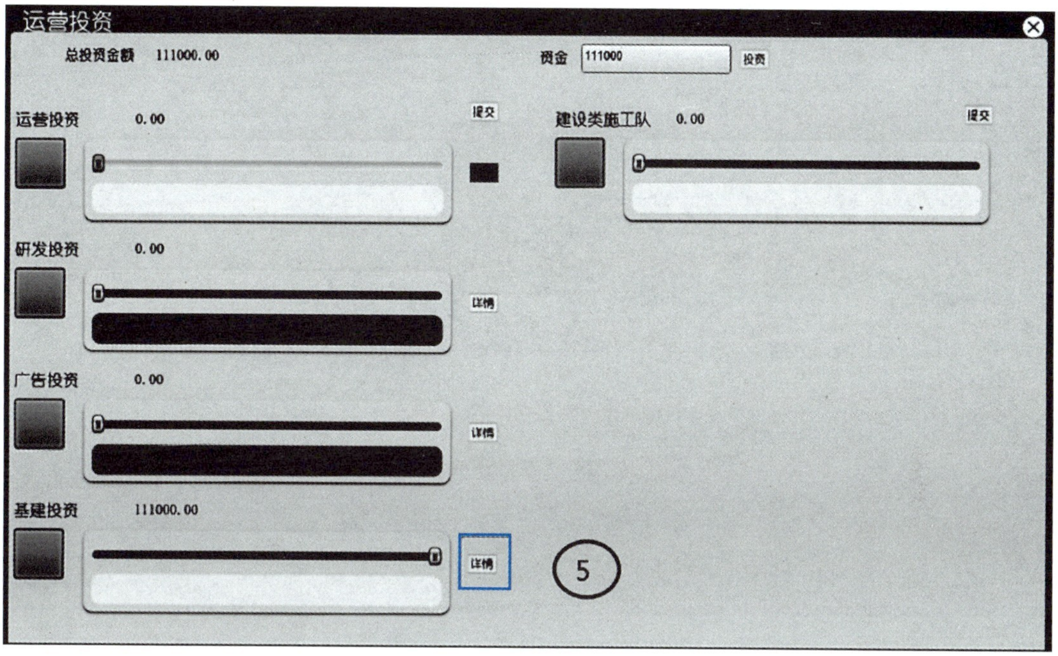

图 4-19

第四步：把"建设类施工队"滚动条拉到最右边，单击"提交"按钮，如图 4-20 所示。在弹出的"投资信息已确认"提示框中单击"确定"按钮，如图 4-21 所示。

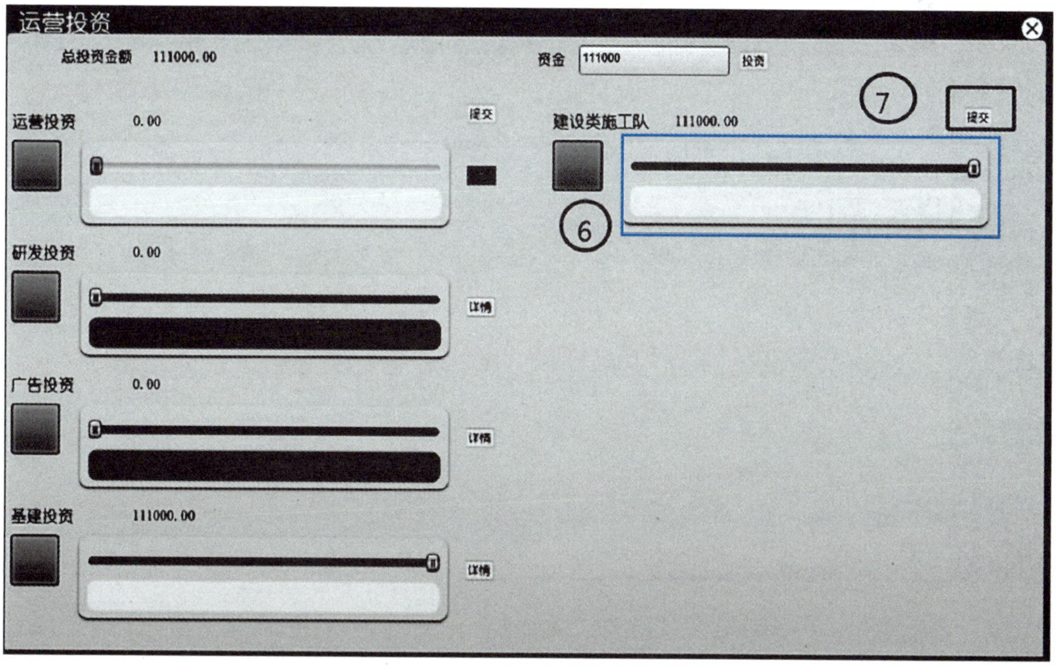

图 4-20

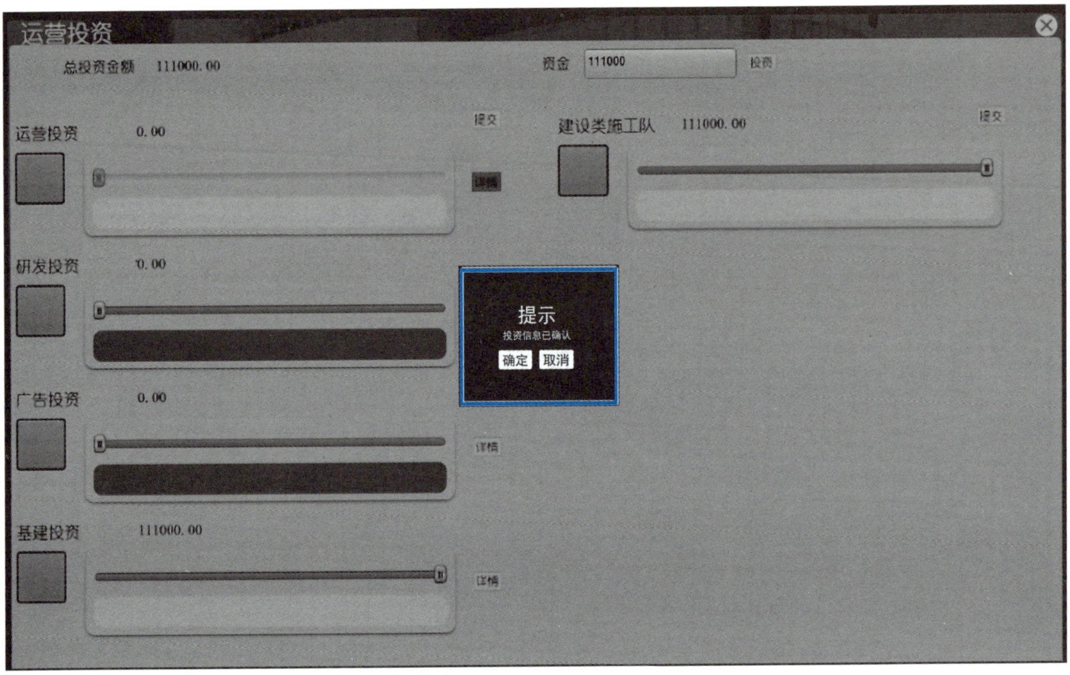

图 4-21

单击"运行下一月"按钮,查看建设进度。(若建设进度是 100%,则投资完成,若建设进度小于 100%,则继续重复上述第一步到第四步的步骤进行投资,直到进度为 100%,如图 4-22 所示)。

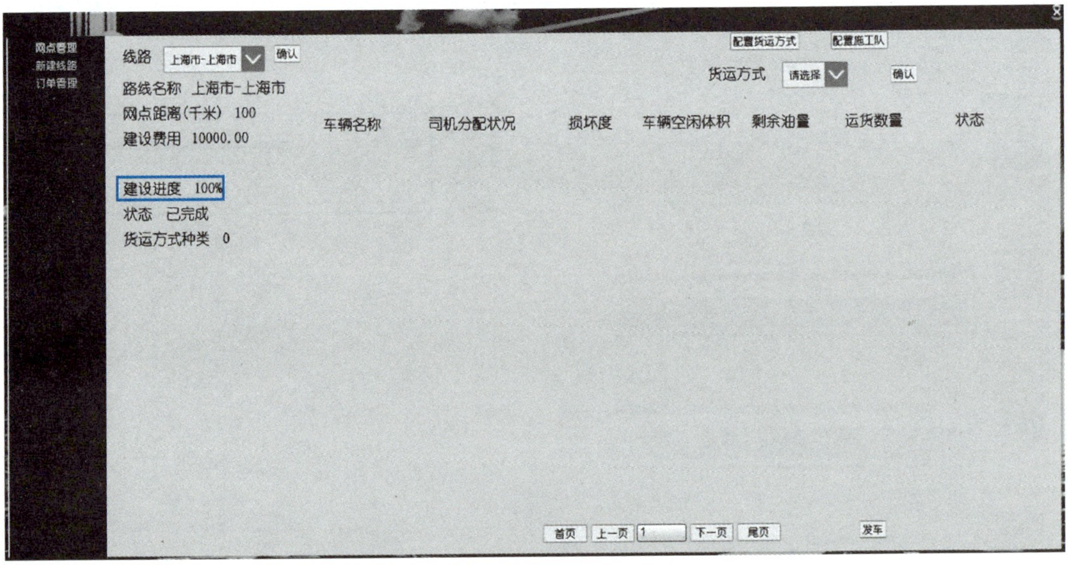

图 4-22

（7）配置货运方式

操作一：进入"运营"界面，选择"网点管理"选项。

操作二：单击"配置货运方式"按钮，如图4-23所示。

增设网点、建设货运方式、运费设置操作演示

图 4-23

操作三：在配置货运方式界面，单击"新建货运方式"按钮，如图4-24所示。

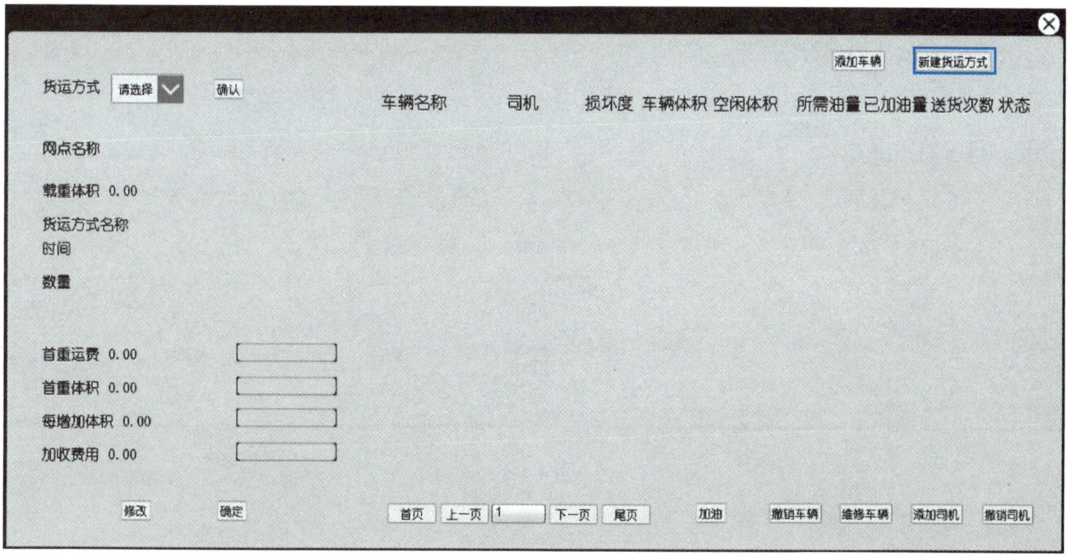

图 4-24

操作四：进入新建货运方式界面，选择货运方式，单击"确认"按钮，界面展示所选货运方式的详细信息，如图 4-25 所示。

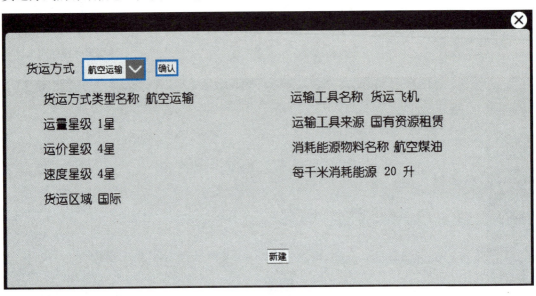

图 4-25

操作五：货运方式确定后，单击"新建"按钮，如图 4-26 所示。

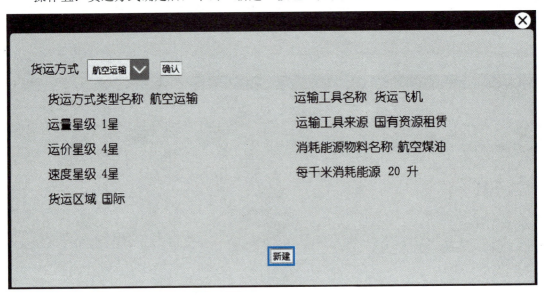

图 4-26

操作六：货运方式新建成功，如图4-27所示。

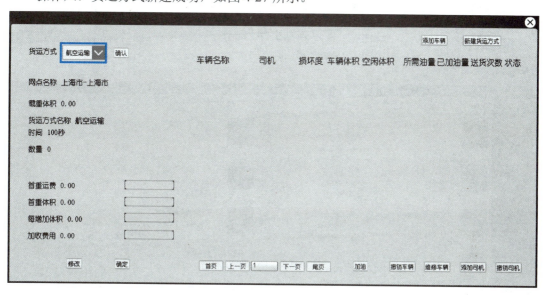

图 4-27

（8）租赁或购买运输设备

① 租赁运输设备

操作一：进入"中介"界面，选择"货运工具租赁"选项。

操作二：选择对应的运输工具，确定租赁周期，单击"租赁"按钮，如图4-28所示。

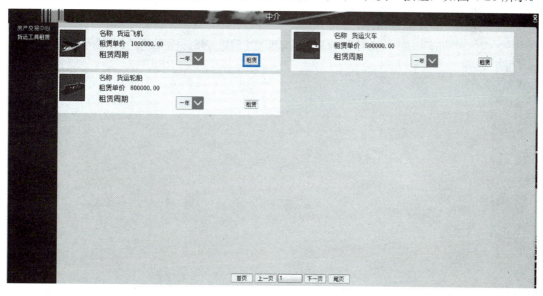

图 4-28

② 购买运输设备

操作一：进入"交易中心"界面，选择"自由贸易区"选项。

操作二：选择物品城市、种类，或输入查找的物品名称，单击"确定"按钮，如图4-29所示。

购买运输设备操作演示

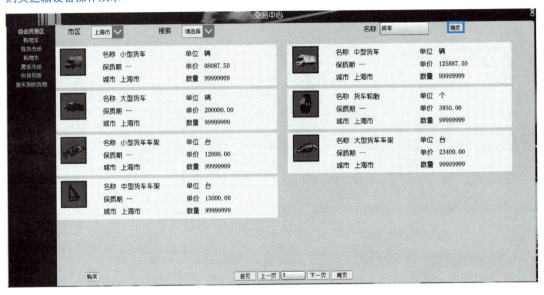

图 4-29

操作三：选择"自由贸易区-购物车"选项，确定购买数量，选择收货仓库，单击"选择物流"按钮，如图4-30所示。

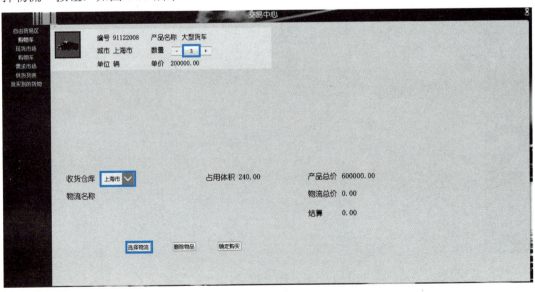

图 4-30

在弹出的界面单击"确认"按钮，如图 4-31 所示。

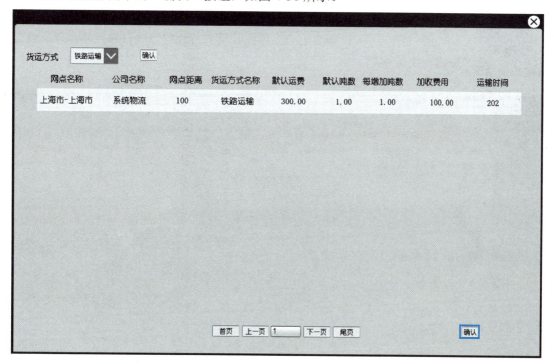

图 4-31

操作四：确认需要购置的物资无误后，单击"确定购买"按钮，如图 4-32 所示。

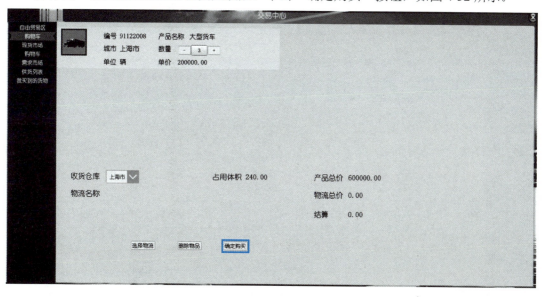

图 4-32

卸货操作演示

（9）卸货

操作一：进入"物流中心"界面，检索待收货运输订单，单击"确认"按钮，如图4-33所示。

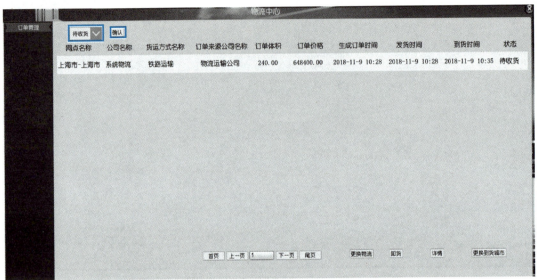

图4-33

操作二：选中要卸货的订单，单击"卸货"按钮，如图4-34所示。

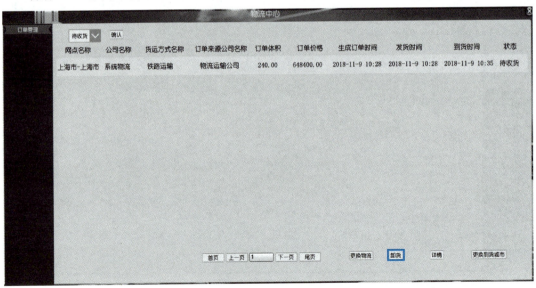

图4-34

第 4 章　交通运输业物流公司经营流程

（10）查看库存

操作一：进入"仓库"界面，选择"普通仓库"选项，查看库存信息，如图 4-35、图 4-36 所示。

查看库存操作演示

图 4-35

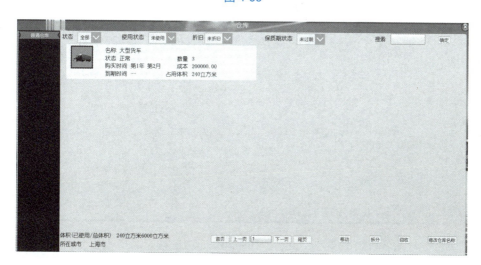

图 4-36

对车辆与网点进行建设管理操作演示

（11）添加车辆

操作一：进入"运营"界面，选择"网点管理"选项。

操作二：单击"配置货运方式"按钮，如图4-37所示。

图 4-37

进入配置货运方式界面，如图4-38所示。

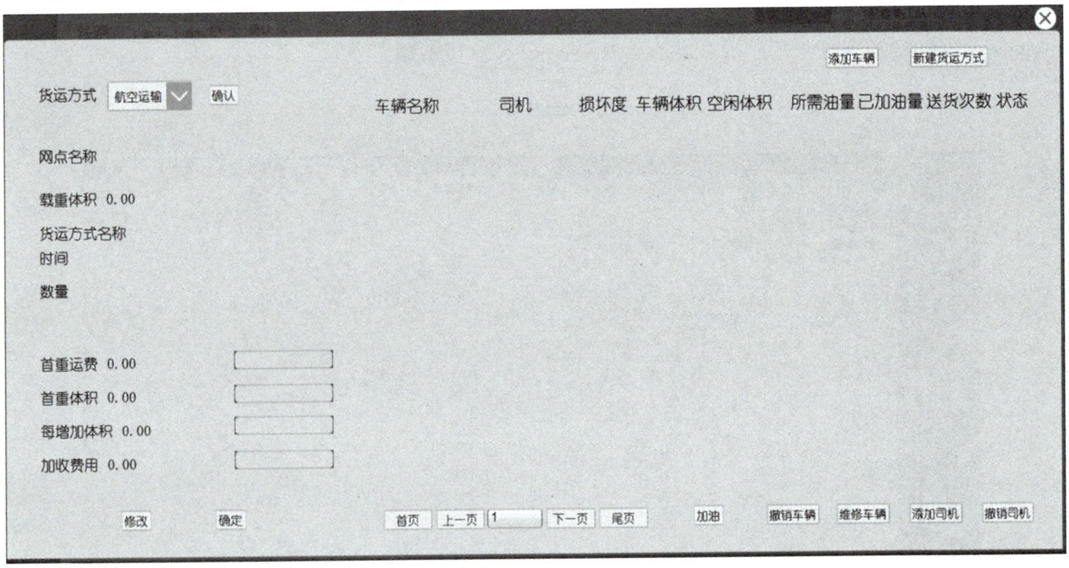

图 4-38

第 4 章 交通运输业物流公司经营流程

操作三：单击图 4-38 中"添加车辆"按钮，进入添加车辆界面，如图 4-39 所示。

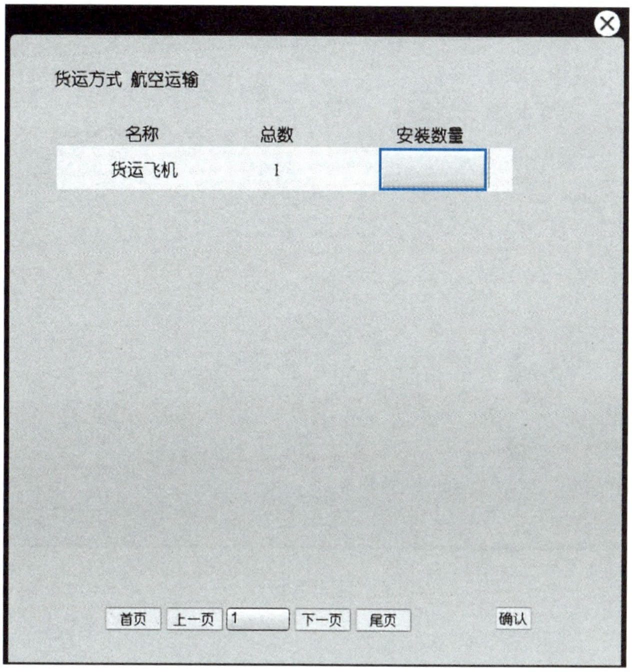

图 4-39

操作四：选择安装数量，单击"确认"按钮，如图 4-40 所示。

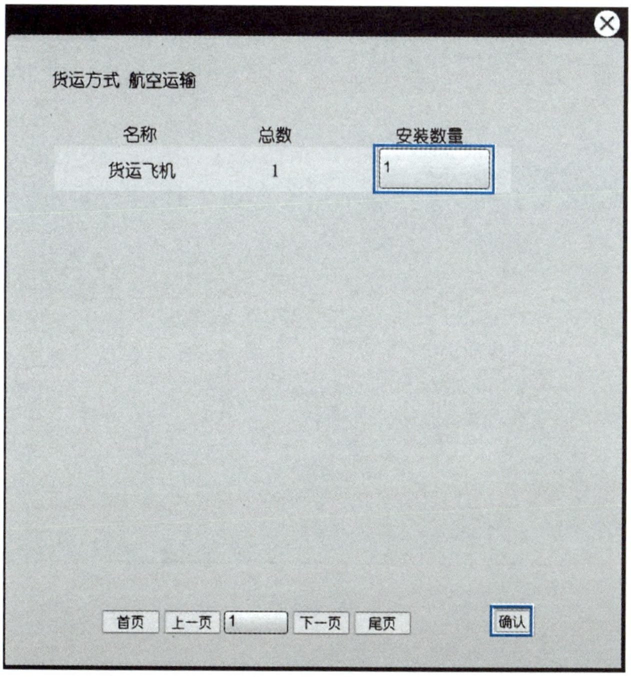

图 4-40

操作五：运输车辆添加成功，如图4-41所示。

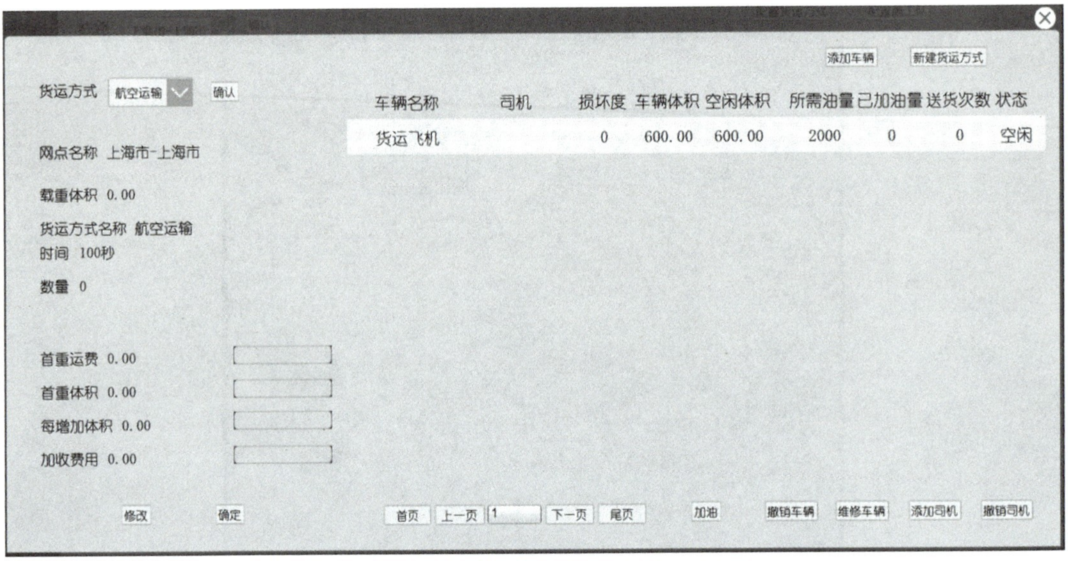

图 4-41

（12）添加燃料

操作一：进入"交易中心"界面，选择"自由贸易区"选项。

操作二：选择物品城市、种类，或输入查找的物品名称，单击"确定"按钮，如图4-42所示。

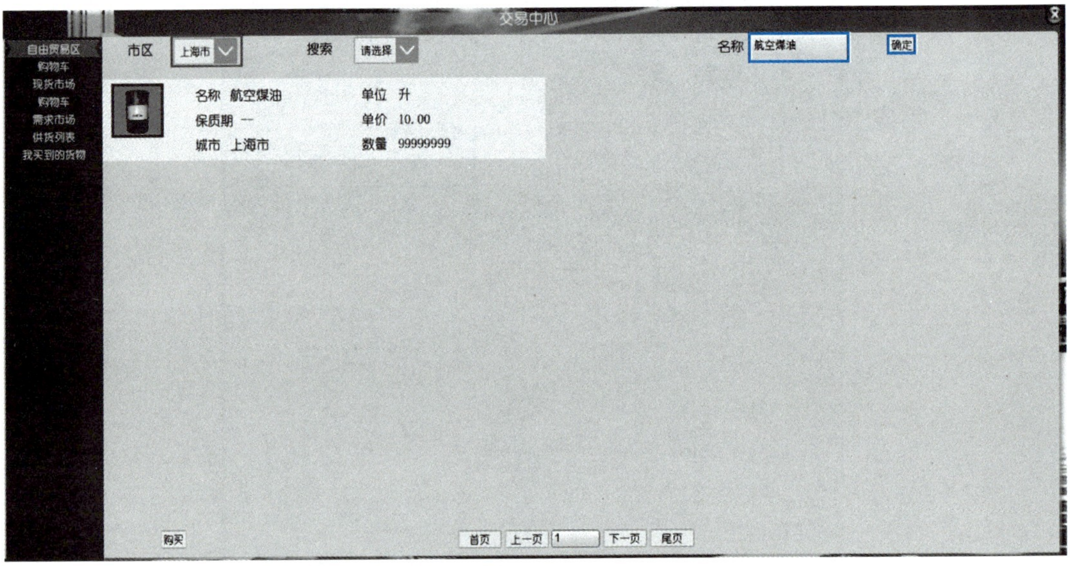

图 4-42

第4章 交通运输业物流公司经营流程

操作三：选择"自由贸易区-购物车"选项，确定购买数量，选择"收货仓库"，单击"选择物流"按钮，如图4-43所示。

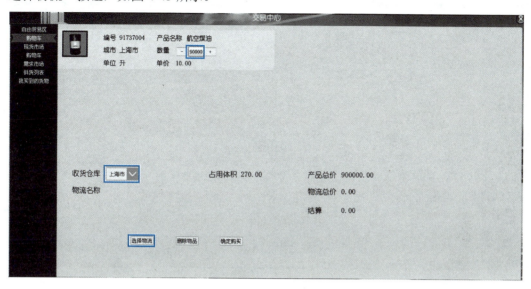

图 4-43

在弹出的界面单击"确认"按钮，如图4-44所示。

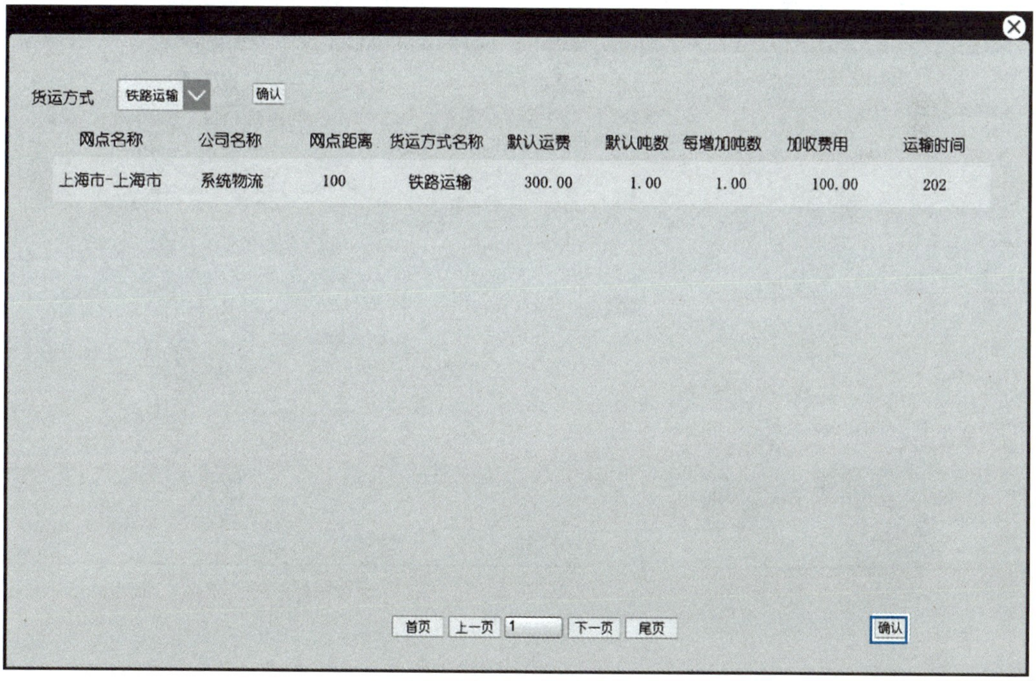

图 4-44

操作四：确认需要购置的物资无误后，单击"确定购买"按钮，如图4-45所示。

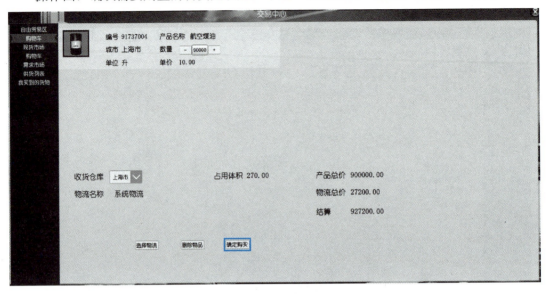

图 4-45

操作五：进入"运营"界面，选择"网点管理"选项。
操作六：单击"配置货运方式"按钮，进入配置货运方式界面，如图4-46所示。

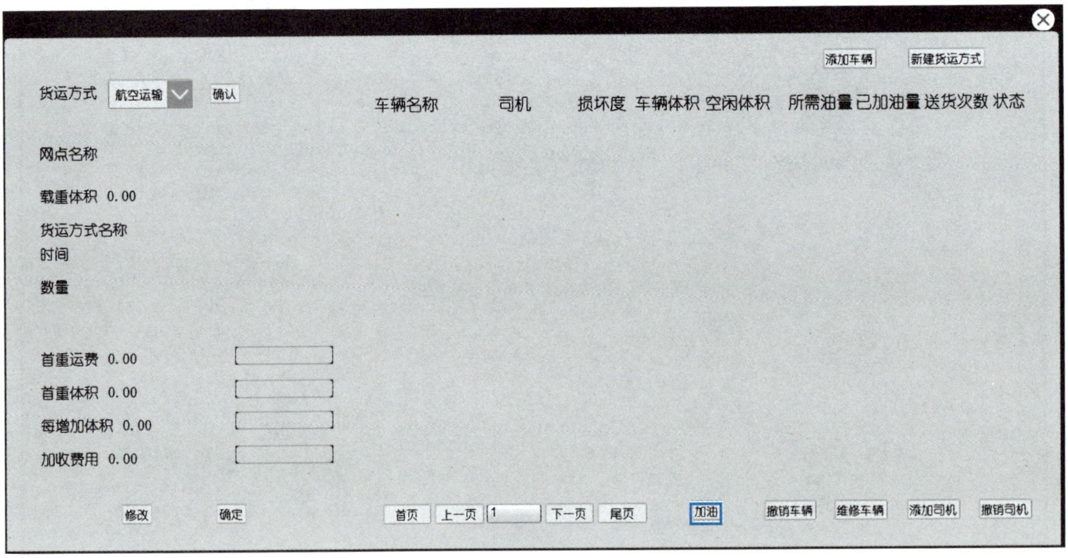

图 4-46

操作七：选择货运方式，单击"确定"按钮，确认需要加油车辆，如图4-47所示。

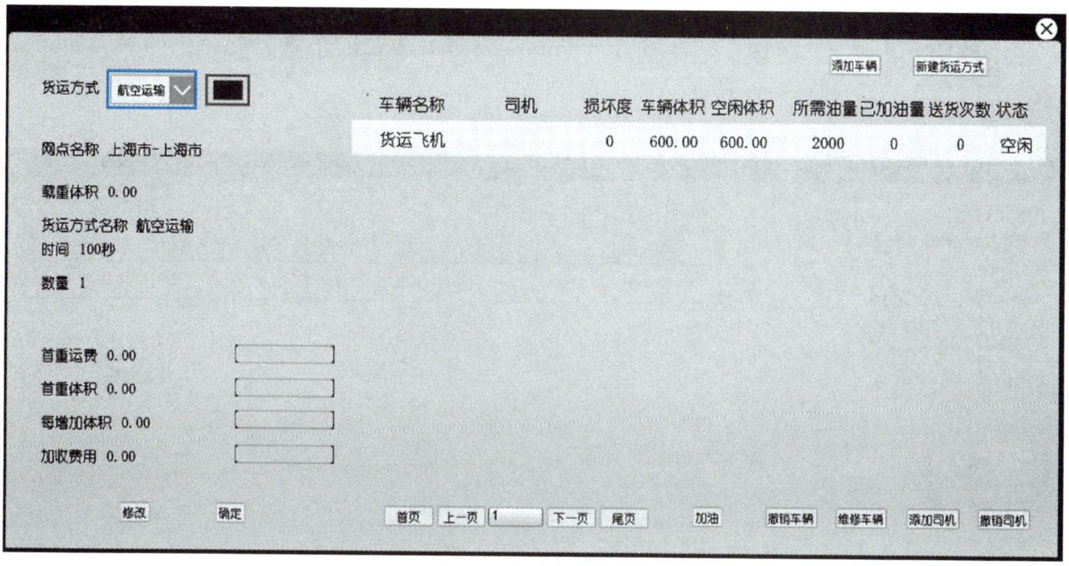

图 4-47

操作八：选中需要加油车辆，单击"加油"按钮，如图4-48所示。

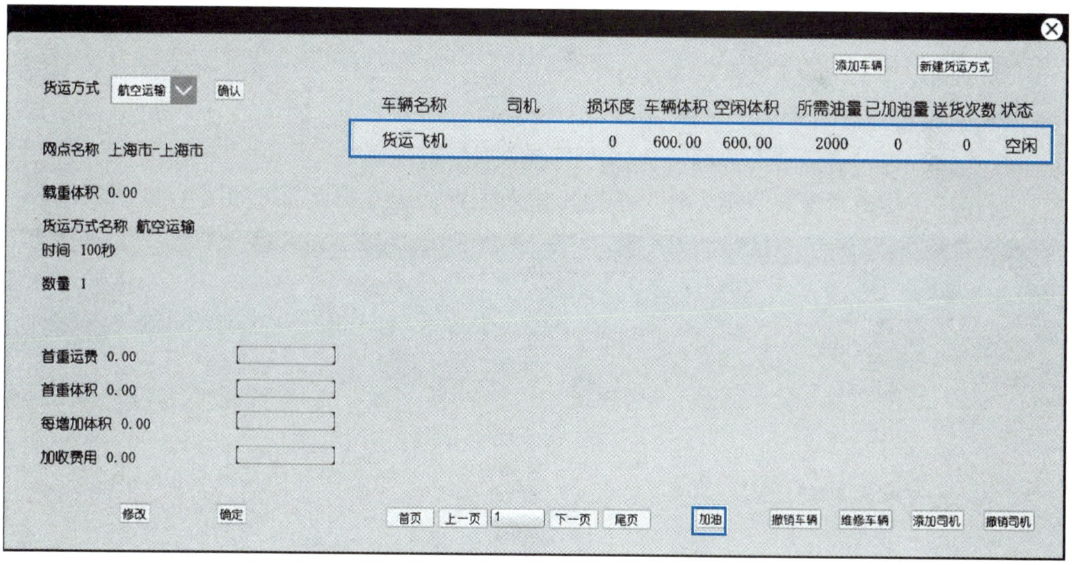

图 4-48

分配司机操作演示

(13) 分配司机

操作：车辆添加完成，为将要运营的车辆分配至少两名司机，如图 4-49 所示。

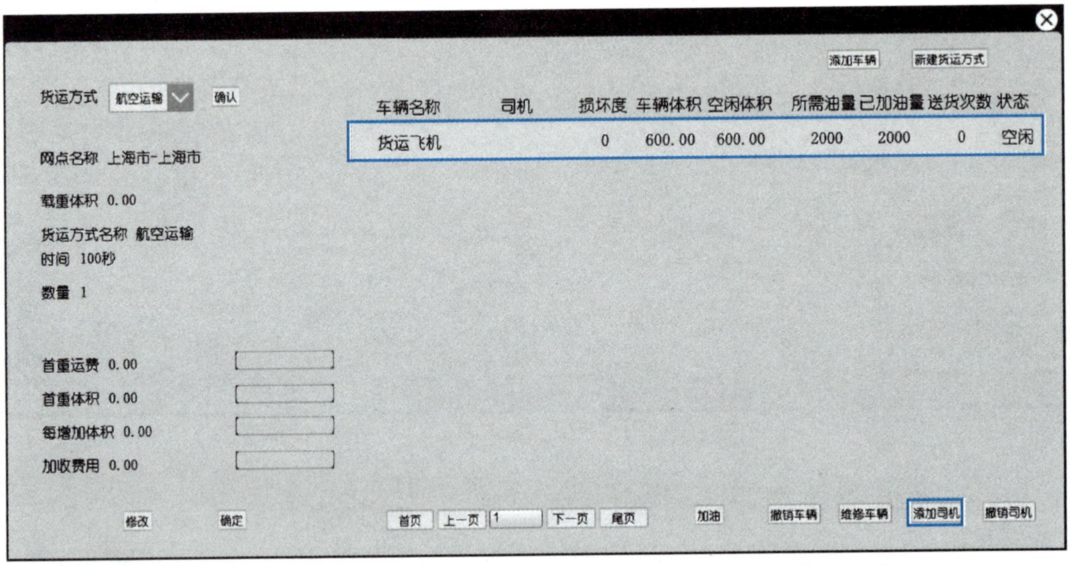

图 4-49

(14) 设置运费

操作一：进入"运营"界面，选择"网点管理"选项。

操作二：单击"配置货运方式"按钮，进入配置货运方式界面，如图 4-50 所示。

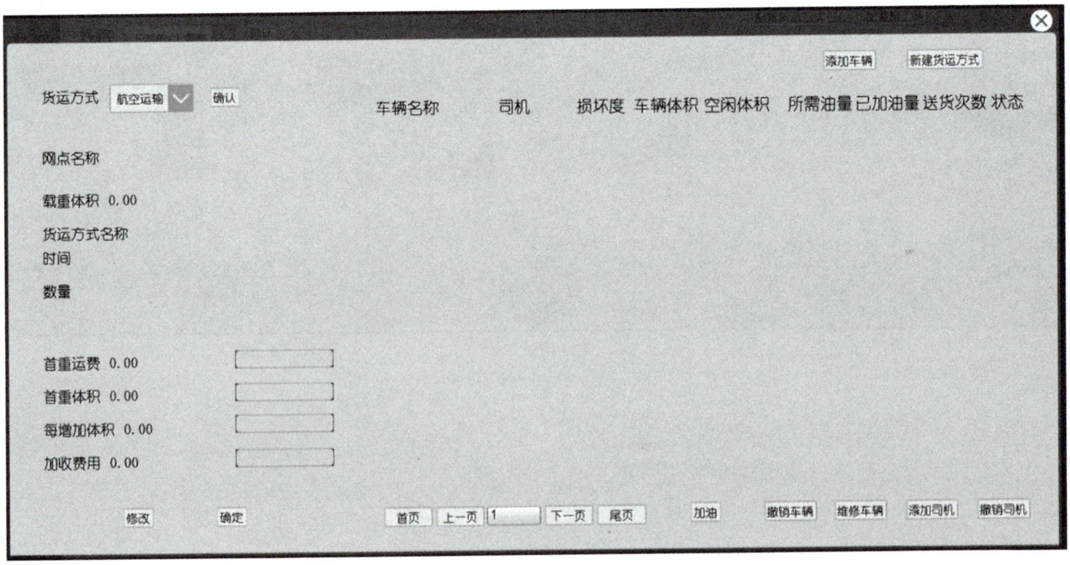

图 4-50

第 4 章　交通运输业物流公司经营流程

操作三：确定运输方式后，为其设置运输费用，如图 4-51 所示。

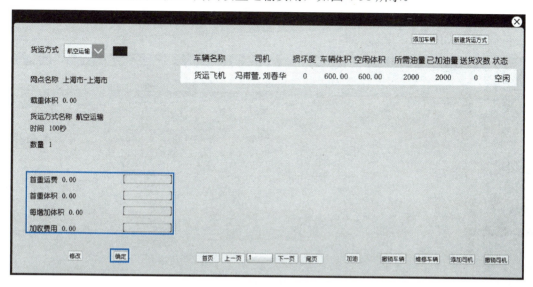

图 4-51

4.3.2　运营期

运营期规则包括增添人力、订单管理和发车 3 种。

（1）增添人力

操作：进入"人力资源管理"界面，选择"人力市场"选项，查找并招聘合适的员工（每辆计划投入使用的车辆都需要配备至少两名司机），如图 4-52 所示。

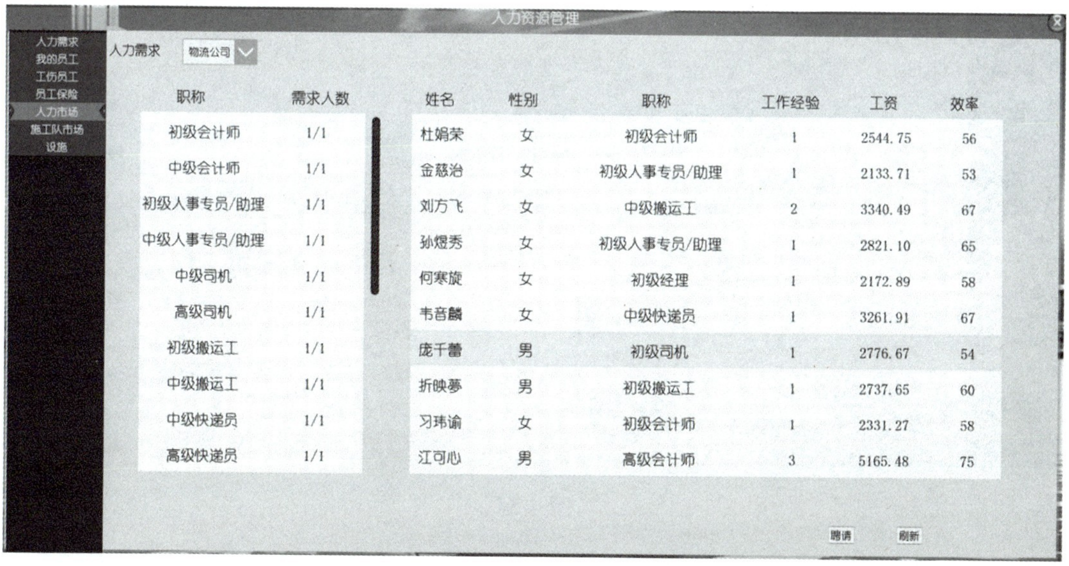

图 4-52

（2）订单管理

操作一：选择"订单管理"选项，查看有运输诉求的客户订单，单击"接受订单"按钮进行揽收，如图4-53所示。

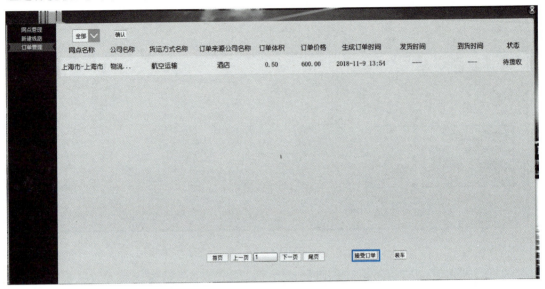

图 4-53

操作二：客户订单揽收后，单击已揽收的订单对应的"装车"按钮，如图4-54所示。

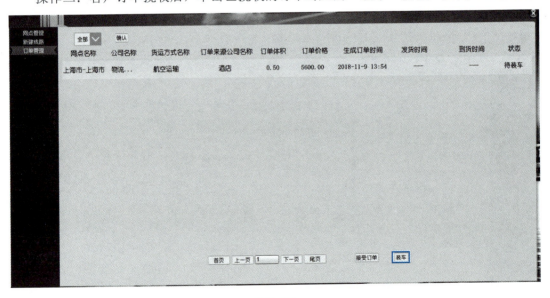

图 4-54

操作三：在装车界面，单击"选车"按钮，如图 4-55 所示。

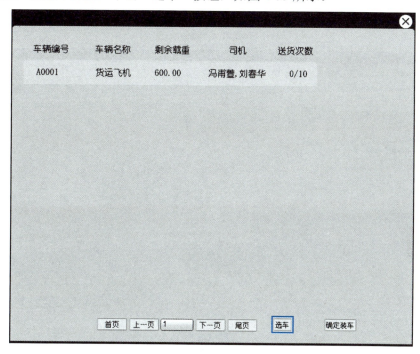

图 4-55

操作四：选车完成，单击"确定装车"按钮，如图 4-56 所示。

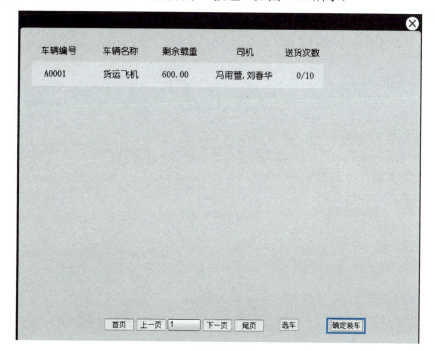

图 4-56

（3）发车

操作：选择"网点管理"选项，选择对应的路线及货运方式，单击"发车"按钮，如图 4-57 所示。

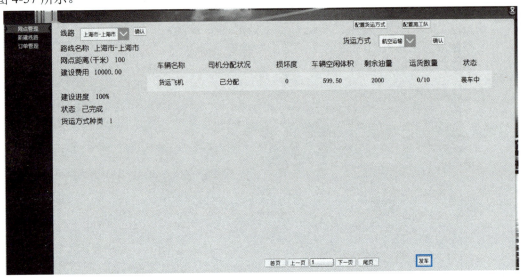

图 4-57

本章小结

本章主要讲解了交通运输业物流公司创建、建设前期的运营规则、建设期的准备工作及运营期的运营工作。使学生对交通运输业物流公司有一个初步的认识，对交通运输业物流公司的经营工作有个大致的了解。

复习思考题

1. 四种货运方式都各自有哪些优点？
2. 上海到杭州的线路需要几个仓库？
3. 对方建筑公司采购了一批建筑材料，体积较大，你觉得用什么货运方式比较合适？
4. 物流行业如何与系统物流竞争？
5. 如何提高运输能力？

第 5 章

制造业汽车整车制造公司经营流程

学习目标

1. 掌握汽车整车制造公司建设的基本流程。
2. 掌握汽车整车制造公司可生产产品种类及制造周期。
3. 掌握汽车整车制造公司的运营规则。
4. 掌握汽车整车制造公司的销售渠道。
5. 掌握汽车整车制造公司与其他公司之间的交易流程。

学习任务

详细准确地完成汽车整车制造公司的建设、生产、运营、销售及与其他公司交易的工作流程。

5.1 公司主界面介绍

（1）进入汽车制造公司主界面，显示正下方的 13 个图标为公共功能按钮，从左到右分别为"政府""地图""股票""银行""保险""财务""仓库""固定资产管理""交易中心""人力资源管理""物流中心""中介""运营"，如图 5-1 所示。

（2）进入汽车制造公司主界面，显示正下方从右到左第一个按钮为"运营"按钮，位置如图 5-2 所示。单击可进入公司运营操作界面。

图 5-1

图 5-2

（3）主界面左上角显示公司 logo、公司名称、公司金额等基本信息，位置如图 5-3 所示。

第 5 章　制造业汽车整车制造公司经营流程

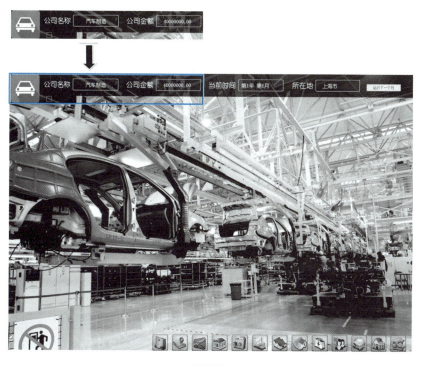

图 5-3

（4）单击主界面右上角"运行下一个月"按钮，可推动公司周期至下一个月，位置如图 5-4 所示。

图 5-4

5.2 公司运营规则

公司运营规则包括科技研发、产品研发和厂房管理 3 种。

5.2.1 科技研发

科技研发的规则有以下 6 点。
① 研发能够提高生产线的生产效率,降低水电使用度和污染率;
② 研发费计入当季费用;
③ 研发可随时中断或中止,但投入资金不返还;
④ 研发项目等级必须从低到高,不能跨级别;
⑤ 每项研发每个月只能研发一次;
⑥ 研发必须在研发完成后才可有效使用。

5.2.2 产品研发

产品研发的规则有以下 5 点。
① 研发费计入当季费用;
② 研发可随时中断或中止,但投入资金不返还;
③ 研发项目等级必须从低到高,不能跨级别;
④ 每项技术每个月只能研发一次;
⑤ 研发必须在研发完成后才可开工生产此类产品。

5.2.3 厂房管理

厂房管理是一个重要的操作环节,所有生产工作都在这里进行操作。厂房需在中介进行购买,不同面积的厂房,价格也不同。厂房管理的规则有新建的厂房、新建生产线、下达审批计划、生产、转产、维护、设备管理和影响生产效率的主要因素 8 种(见表 5-1)。

表 5-1　厂房管理的规则

类　别	规　则
新建的厂房	① 名称不可超过 8 个字符; ② 不可输入汉字以外的字符; ③ 已存在的厂房名称不可重复使用; ④ 根据建设周期进行投资,每月只可投资一次,建设完成才可进入厂房; ⑤ 厂房投资费用按建设周期分次扣除
新建生产线	① 根据行业公司的不同,生产线的类别也有所不同,具体以公司实际显示为准; ② 生产线的产品配方与产品研发中的产品生产技术相配对。只有将产品的生产技术研发完成,才可出现相对应的产品配方; ③ 新建生产线时,必须满足生产线的设备需求,否则新建不成功;

续表

类　别	规　则
新建生产线	④ 不同的生产线，建设周期、投资费用、生产效率都各不同； ⑤ 根据建设周期进行投资，每月只可投资一次，建设完成才可进入生产线； ⑥ 生产线的投资费用按建设周期分次扣除； ⑦ 新建生产线将增加生产人力资源需求，需进入人力资源管理招聘员工，并分配岗位
下达审批计划	① 制订计划必须在生产线建设完成后进行； ② 规划出产量需是生产配方产品的整数倍，并且不可超过生产线的最大产量； ③ 下达审批计划后不可进行更改，需生产完成后才可重新下达新的生产计划
生产	① 加料 ● 将所有物料的库存达到配方的物料需求数量才可加料成功，原材料种类或数量的缺少，都将导致生产无法继续进行； ● 物料添加后仓库库存量将相应减少。 ② 生产 ● 影响生产的重要因素就是效率问题，效率越低，产量越低； ● 系统需运行到结束周期，并等待结束时间为 0 才算生产完成。 ③ 入库 ● 将产成品存入仓库需保证仓库拥有足够的库存面积
转产	① 生产线需在未生产及未下生产计划的时候才可转产； ② 根据转产周期进行转产，转产当月不算入转产周期，转产完成才可制订、下达生产计划； ③ 转产费用按转产周期分次扣除
维护	① 生产线维护可减少设备的损坏概率，一个月不维护，设备损坏率提高 1%，损坏率为每月累计； ② 生产线每月只需维护一次，但不强制
设备管理	① 检测设备，并查看设备状态； ② 设备状态显示正常的设备不需要维修； ③ 对损坏的设备进行维修，系统自动扣除维修费用； ④ 设备损坏将影响到生产线的生产效率； ⑤ 所有设备的平均损坏率达到 30%时，生产线将自动停产。需将设备维修后才可继续生产
影响生产效率的主要因素	① 居民楼、办公楼的员工入住情况； ② 员工效率； ③ 生产线效率； ④ 科技研发

5.3　经营运作流程

经营运作流程规则包括建设期、生产期和销售期3种。

5.3.1 建设期

建设期规则包括缴纳税费、购买能源、购买固定资产、启用仓库、新建厂房、科技研发、产品研发、人力管理、查看生产设备需求、购买设备、卸货和查看货物12种。

缴纳税费、购买能源操作演示

（1）缴纳税费

操作：进入"政府"界面，选择"费用缴纳"选项，选择要缴纳费用的选项，单击"缴费"按钮，如图5-5所示。

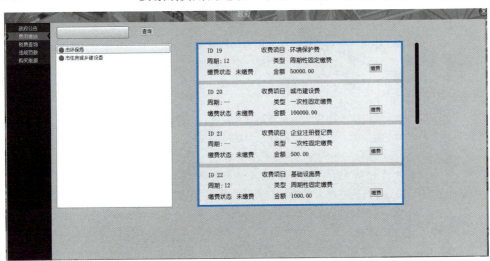

图 5-5

（2）购买能源

操作一：购买水、电能源，如图5-6所示。

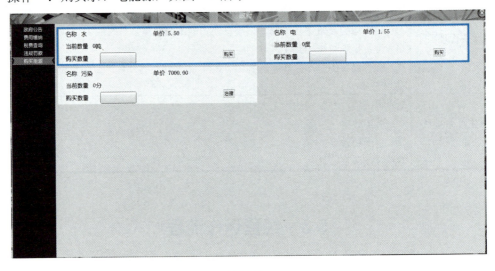

图 5-6

操作二：对出现的污染，交付相应污染治理费，如图 5-7 所示。

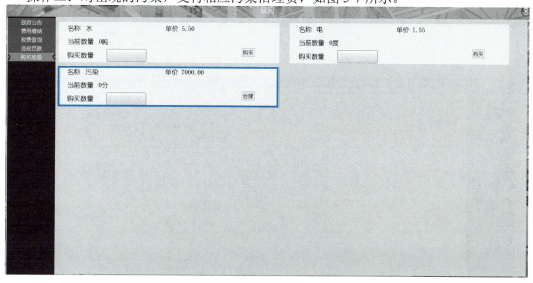

图 5-7

（3）购买固定资产

操作一：进入"中介"界面，选择"房产交易中心"选项。

操作二：选择发布源、城市与类型，单击"确定"按钮，出现仓库信息界面，选择需要购买的仓库，并单击"购买"按钮，如图 5-8 所示。

购买固定资产、启用仓库操作演示

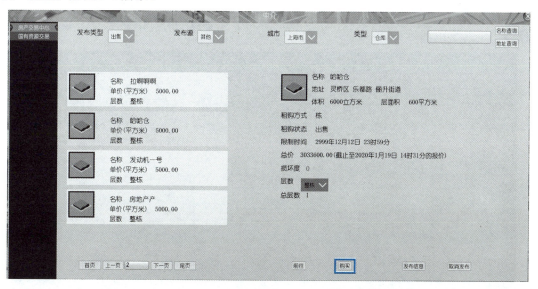

图 5-8

操作三：重复操作二，购买厂房。

（4）启用仓库

操作一：进入"固定资产管理"界面，查看固定资产信息。

操作二：选择"仓库"选项，单击"启用"按钮（仓库需启用后才可使用），如图5-9所示。

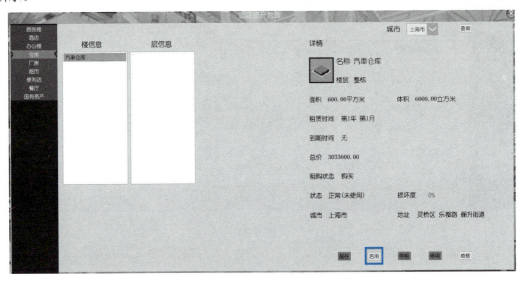

图 5-9

（5）新建厂房

操作一：进入"运营"界面，选择"厂房管理"选项。

操作二：单击"新建厂房"按钮，完成厂房新建操作，如图5-10所示。

新建厂房、科技研发、产品研发操作演示

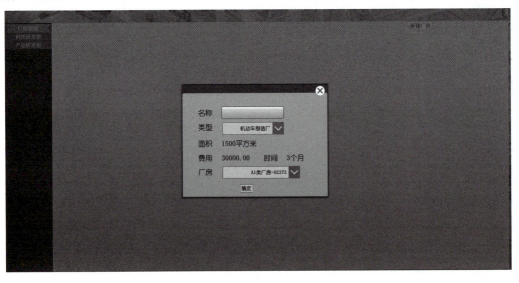

图 5-10

第 5 章　制造业汽车整车制造公司经营流程

（6）科技研发

操作：选择"科技研发部"选项，选择需要的技术，单击"研发"按钮，如图 5-11 所示。

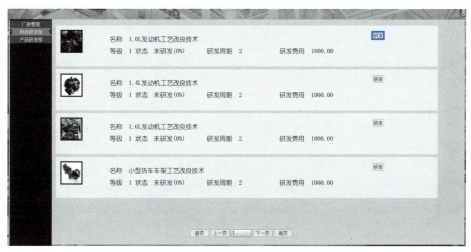

图 5-11

（7）产品研发

操作：选择"产品研发部"选项，选择需要的技术，单击"研发"按钮，如图 5-12 所示。

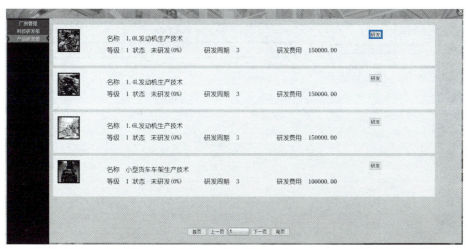

图 5-12

（8）人力管理

操作一：进入"人力资源管理"界面，选择"人力需求"选项。
操作二：单击公司，查看公司岗位需求，如图 5-13 所示。

人力管理操作演示

111

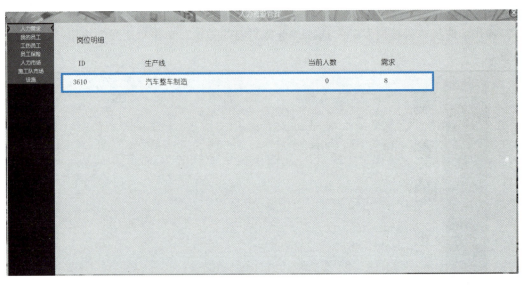

图 5-13

操作三：选择"人力市场"选项，单击"刷新"按钮。

操作四：根据人力需求，查找并招聘员工，如图 5-14 所示。员工需要与人力需求的工种、人数、级别匹配一致，若人数不够或工种级别不对，则会导致公司无法正常运行。

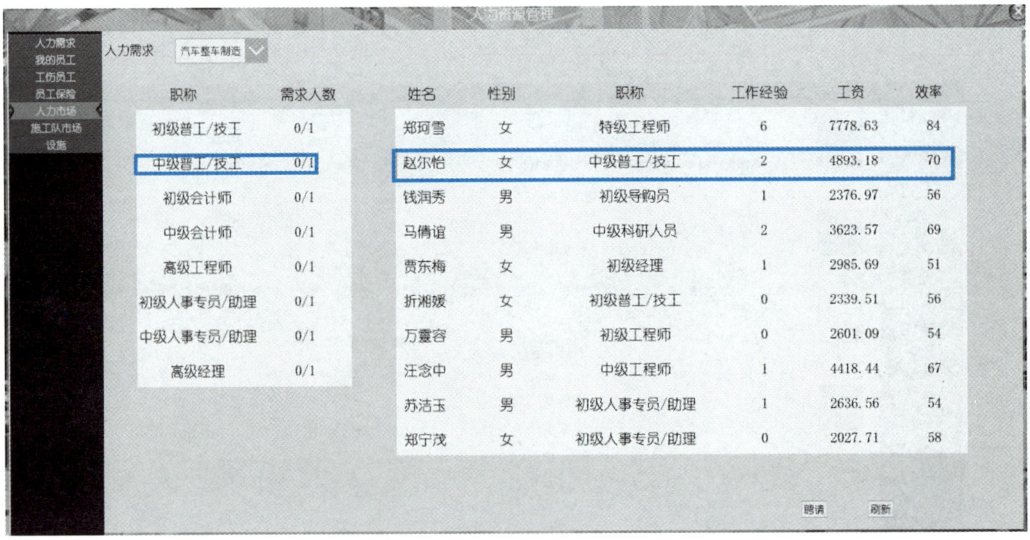

图 5-14

操作五：选择"我的员工"选项，选择员工，单击"发放全部工资"按钮（每运行下一个月前需将员工工资发放完成才可进入下一个月），如图 5-15 所示。

操作六：单击"运行下一个月"按钮。

重复人力管理-工资发放操作，并继续为产品研发、科技研发、厂房建设进行投资，使其均为完成状态。

第 5 章 制造业汽车整车制造公司经营流程

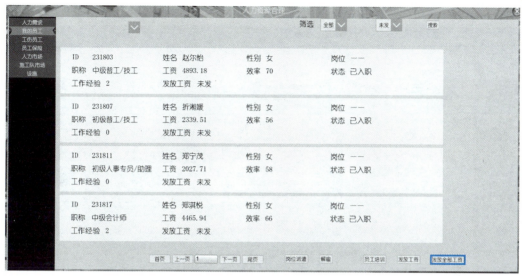

图 5-15

（9）查看生产设备需求

操作一：进入"运营"界面，选择"厂房管理"选项，单击"进入"按钮，如图 5-16 所示，进入生产线界面。

查看生产设备需求操作演示

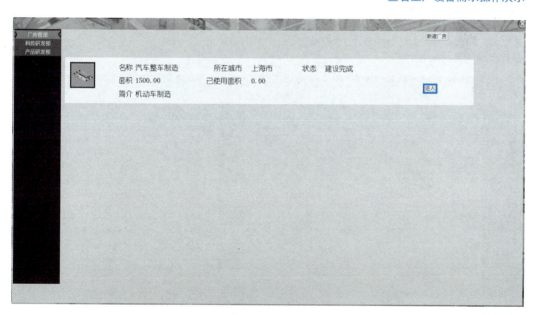

图 5-16

操作二：单击"新建"按钮，查看生产线的设备种类与数量的需求，如图 5-17 所示。

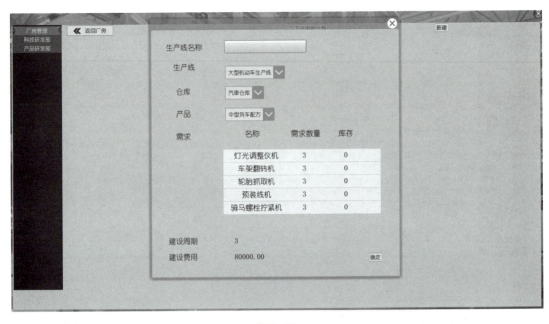

图 5-17

购买设备、卸货、
查看货物操作演示

（10）购买设备

操作一：进入"交易中心"界面，选择"自由贸易区"选项。

操作二：选择物品城市、种类，或输入查找的物品名称，单击"确定"按钮，如图 5-18 所示。

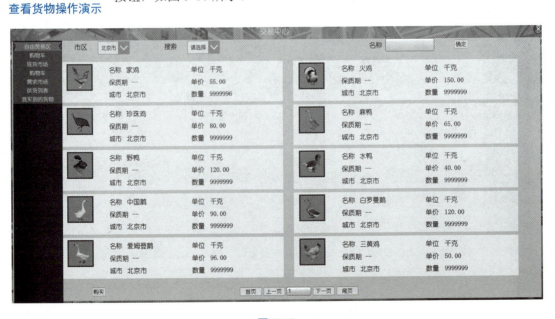

图 5-18

操作三：选中所需要的物品，单击"购买"按钮，如图 5-19 所示。

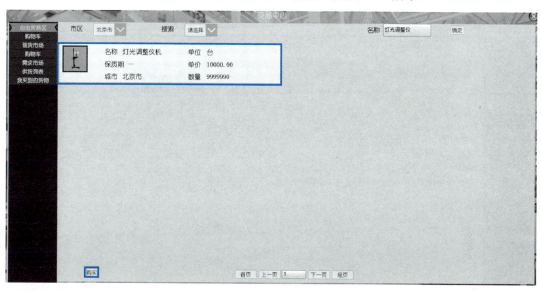

图 5-19

操作四：重复操作三步骤，购买所有设备。

操作五：选择"自由贸易区-购物车"选项，输入数量，选择"收货仓库"，如图 5-20 所示。

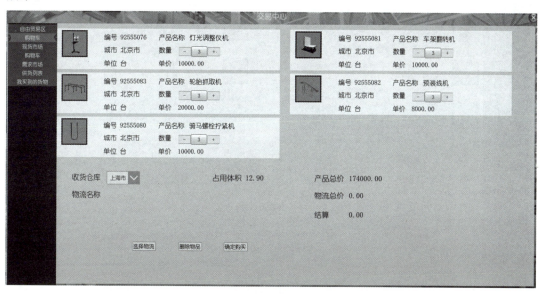

图 5-20

虚拟商业经营实践基础教程

操作六：选择"货运方式"后，单击"确认"按钮，选择物流公司，单击"确认"按钮，如图 5-21 所示。

图 5-21

操作七：查看交易金额，并单击"确定购买"按钮，如图 5-22 所示。

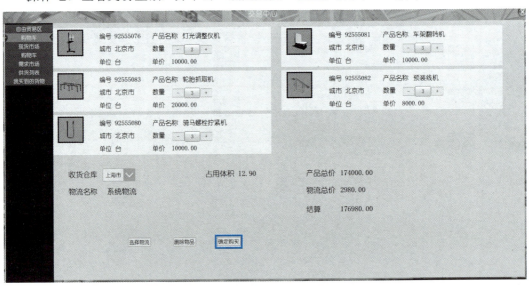

图 5-22

（11）卸货

操作一：进入"物流中心"界面，选择"订单管理"选项。

操作二：查看待收货的订单，确定要卸货的订单，单击"卸货"按钮，如图 5-23 所示。

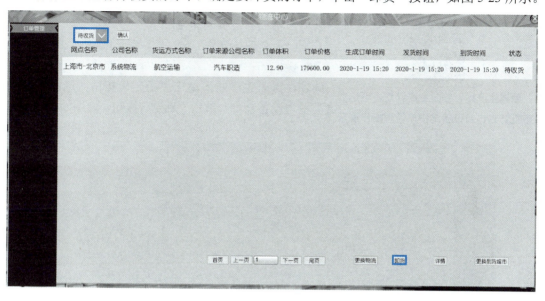

图 5-23

（12）查看货物

操作：进入"仓库"界面，选择"汽车仓库"选项，选择存放的仓库，查看仓库库存信息，如图 5-24 所示。

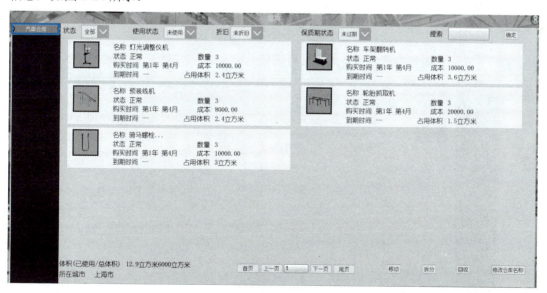

图 5-24

5.3.2 生产期

生产期规则包括新建生产线、制定生产计划、下达审批计划、维护及设备管理、增添人力、增加固定资产和生产 7 种。

新建生产线、制定生产计划、下达审批计划、对设备维护与管理操作演示

（1）新建生产线

操作一：进入"运营"界面，选择"厂房管理"选项，进入生产线，单击"新建"按钮，选择生产线类型与设备仓库，单击"确定"按钮，如图 5-25 所示。

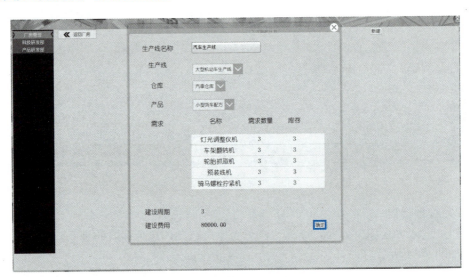

图 5-25

操作二：生产线需投资建设，每月只可投资一次，单击"投资"按钮，如图 5-26 所示。

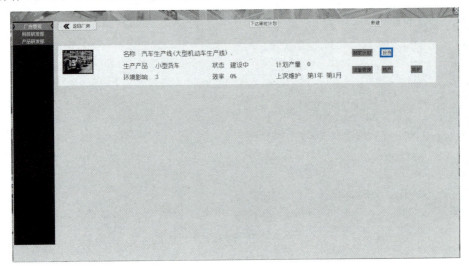

图 5-26

操作三：单击"运行下一个月"按钮，继续生产线投资直至生产线完成。
（2）制定生产计划
操作：生产线建设完成，单击"制定计划"按钮，如图5-27所示。

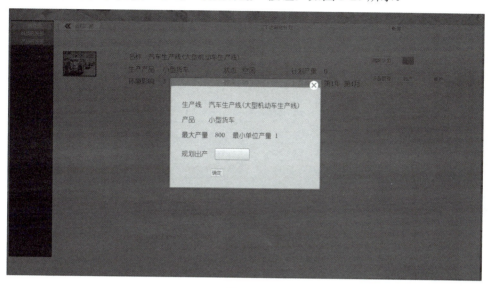

图 5-27

（3）下达审批计划
操作：选择生产线，单击"下达审批计划"按钮，如图5-28所示。
（4）维护及设备管理
操作一：单击生产线的"维护"按钮，维护生产线（生产线建立后，需每月维护一次，但不强制，维护生产线可减少生产设备的损坏概率）。

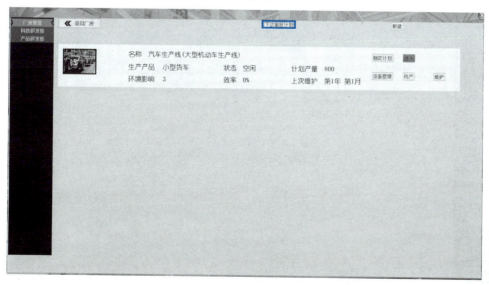

图 5-28

操作二：单击"设备管理"按钮，进入"设备管理"界面。

操作三：单击"检测"按钮，并查看设备状态，对已损坏的设备进行维修（若所有设备的平均损坏率达到30%，生产线将停产），如图5-29所示。

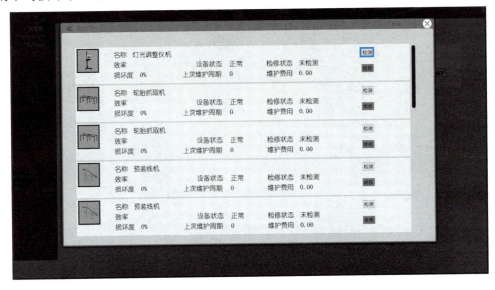

图 5-29

（5）增添人力

操作一：进入"人力资源管理"界面，选择"人力需求"选项（每新增生产线，人力需求就会增加）。

操作二：选择新增生产线的人力需求，查看工种与人数的需求量，如图5-30所示。

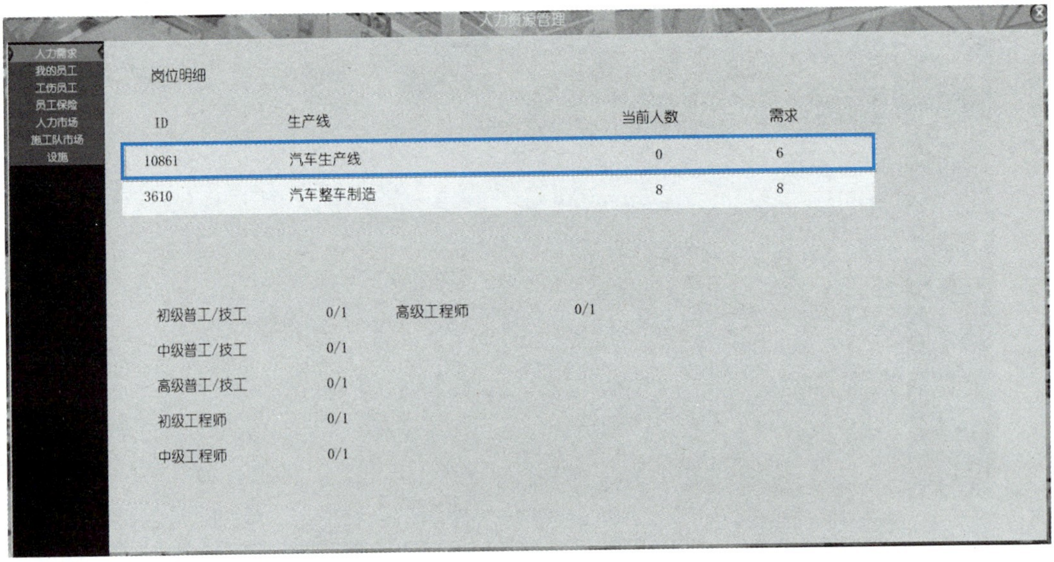

增添人力操作演示

图 5-30

操作三：选择"人力市场"选项，查找与招聘需求对应的员工，单击"聘请"按钮，如图 5-31 所示。

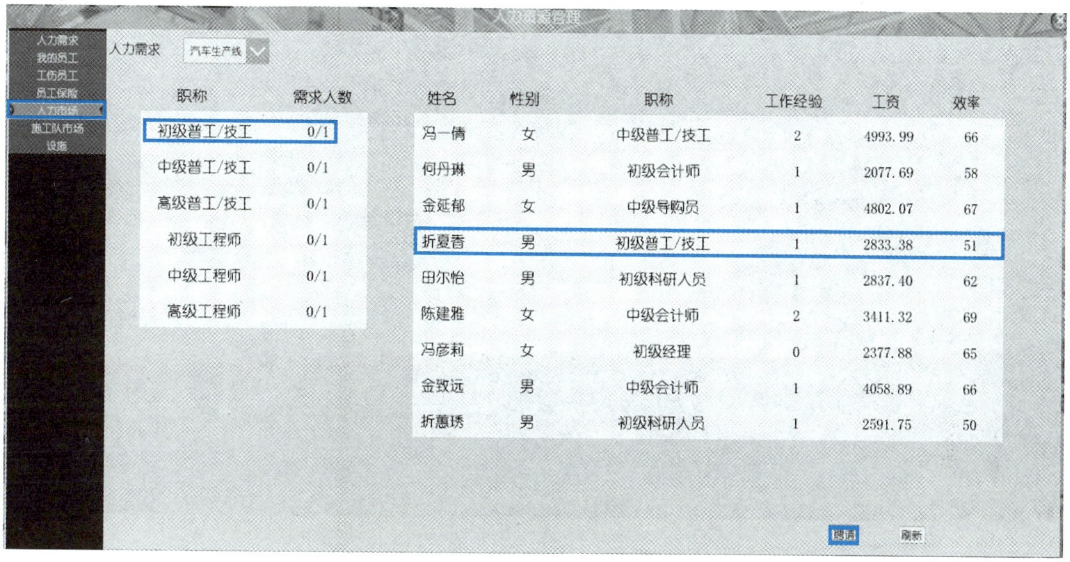

图 5-31

操作四：选择"我的员工"选项，选择要分配生产线岗位的员工，单击"岗位派遣"按钮，如图 5-32 所示。

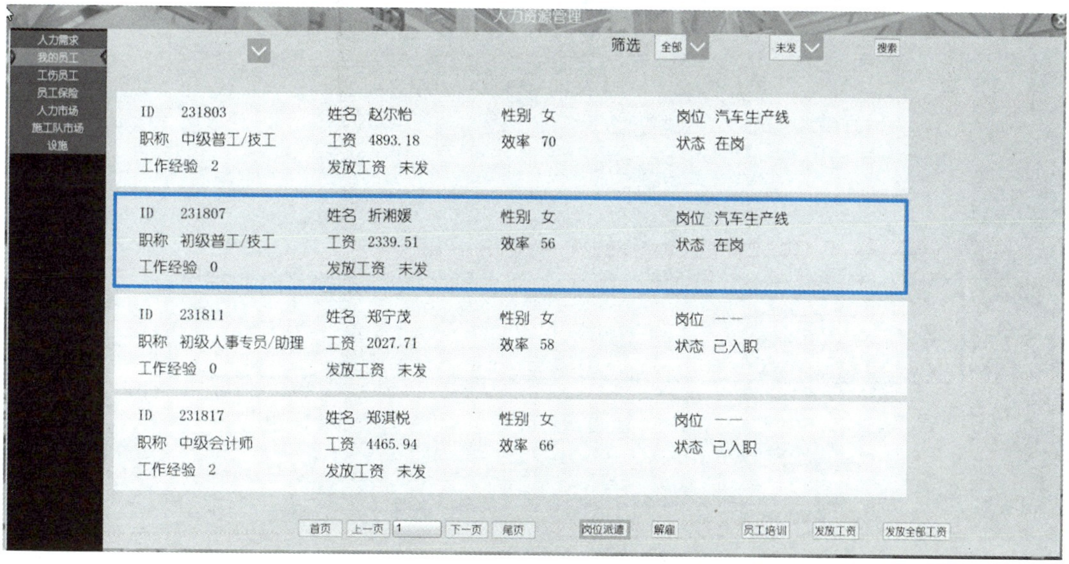

图 5-32

操作五：选择需要配对的生产线，单击"确定"按钮，如图5-33所示。

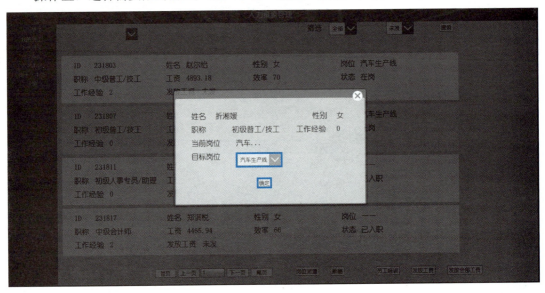

图 5-33

操作六：选中超出计划的人员，单击"解雇"按钮（每次解雇需支付3个月工资费用），如图5-34所示。

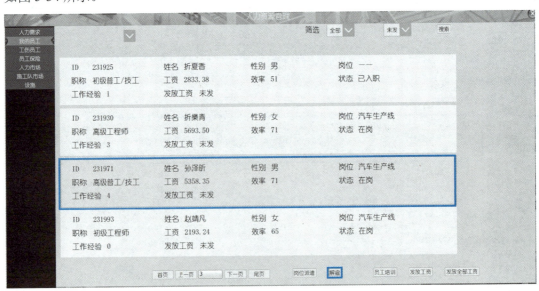

图 5-34

第 5 章 制造业汽车整车制造公司经营流程

操作七：选择级别不够的员工，单击"员工培训"按钮，如图 5-35 所示。

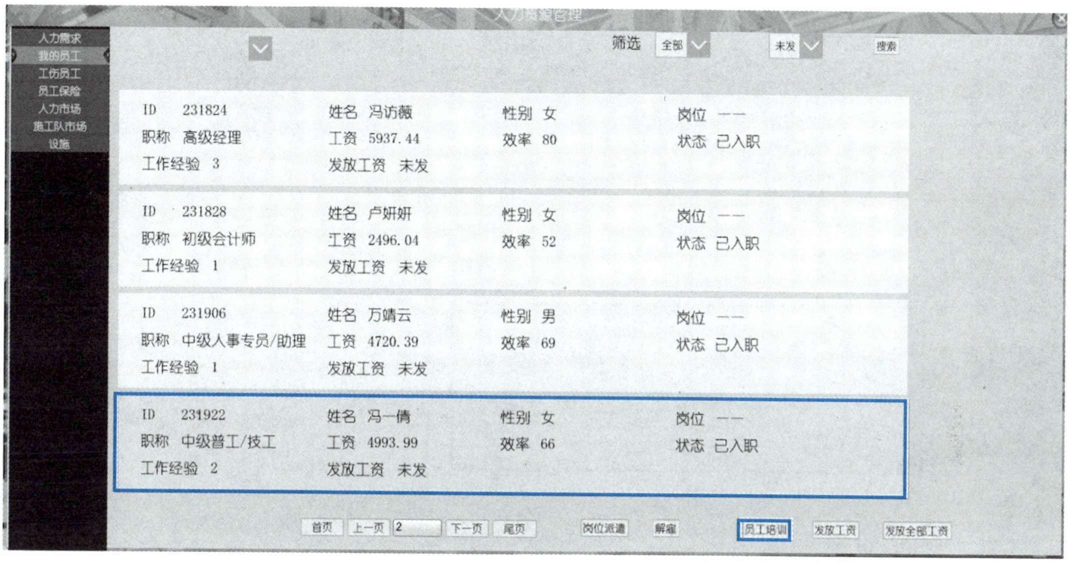

图 5-35

操作八：选择培训职位，单击"确定"按钮，并支付培训费用，将培训好的员工进行岗位分配，如图 5-36 所示。

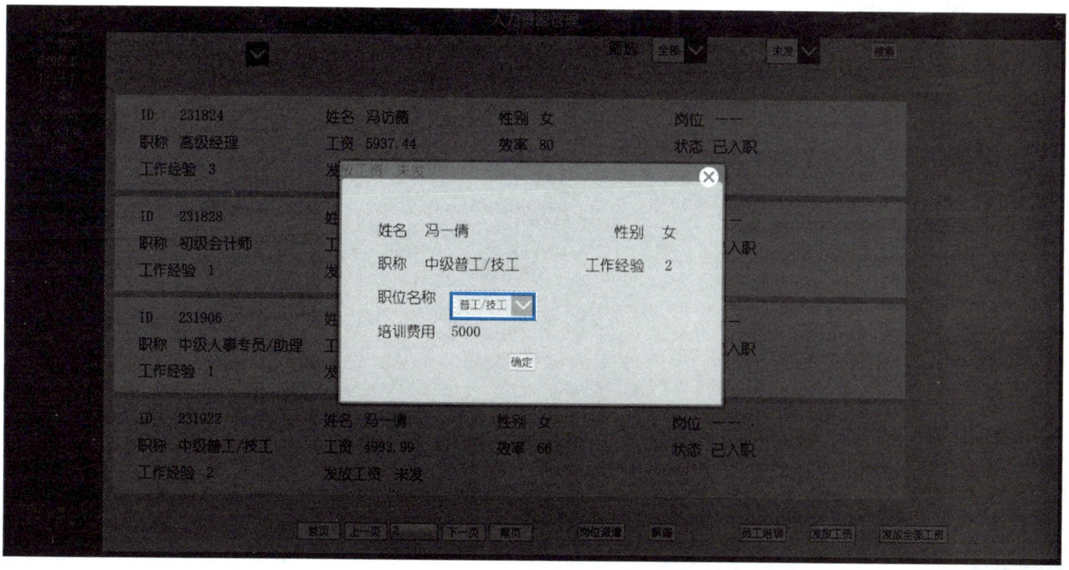

图 5-36

操作九：将岗位分配齐全，满足人力需求，如图 5-37 所示。

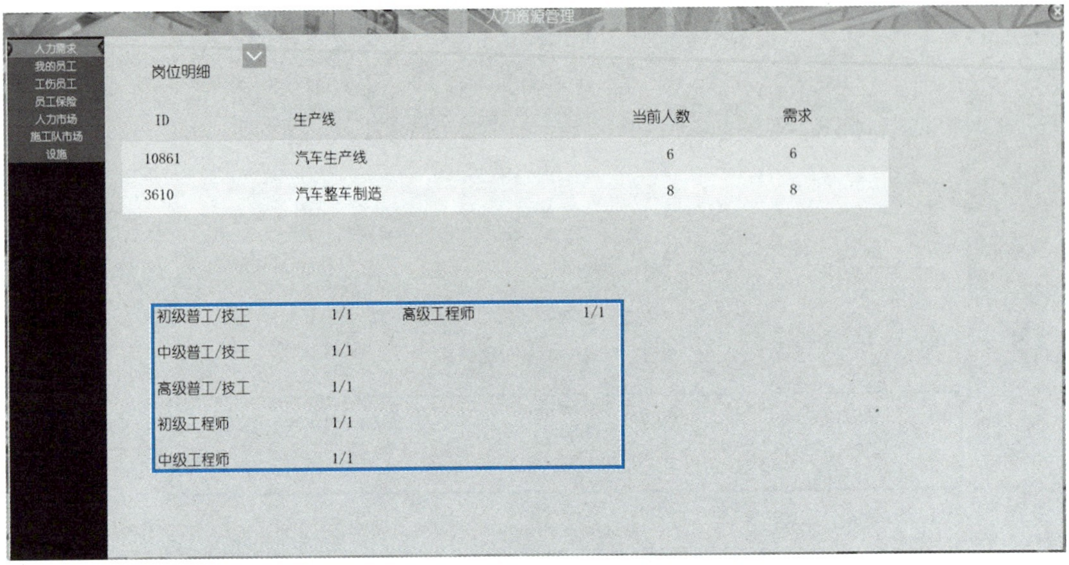

图 5-37

（6）增加固定资产

操作一：进入"中介"界面，选择"房产交易中心"选项。

操作二：选择城市与分类，单击"确定"按钮，出现居民楼信息界面，选择需要购买的居民楼，单击"购买"按钮，如图 5-38 所示。

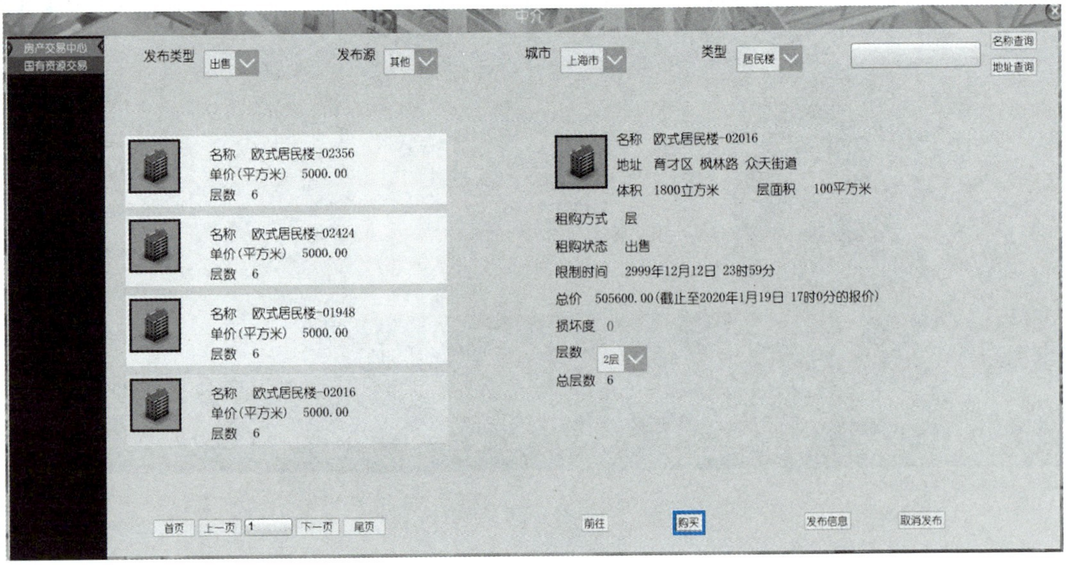

购买居民楼、办公楼操作演示

图 5-38

操作三：进入"固定资产管理"界面，选择"居民楼"选项，选择要入住的楼信息，单击"入住"按钮，如图 5-39 所示。

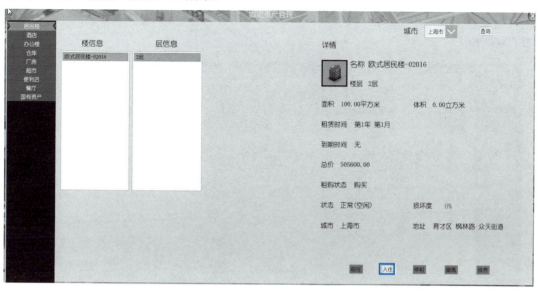

图 5-39

入住居民楼、办公楼操作演示

操作四：选择"公办楼"选项，选择入住的楼信息，单击"入住"按钮，如图 5-40 所示。

图 5-40

生产操作演示

（7）生产

操作一：进入"运营"界面，选择"厂房管理"选项，选择生产线，单击"进入"按钮，如图 5-41 所示。

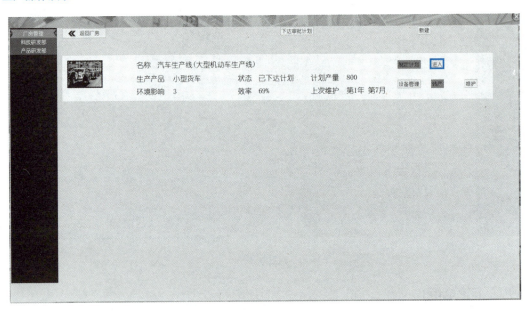

图 5-41

操作二：根据生产线的物料需求，购买齐足够量的物料，单击"加料"按钮，如图 5-42 所示。

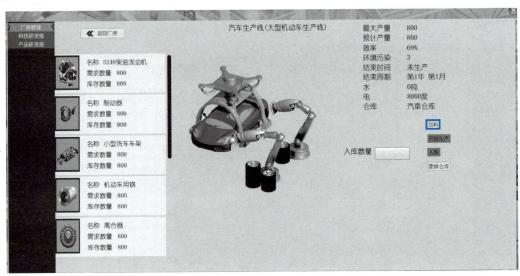

图 5-42

操作三：在人力充足的情况下，单击"开始生产"按钮。

操作四：将系统运行到与生产界面相对应的结束时间及结束周期，单击"入库"按钮，如图 5-43 所示。

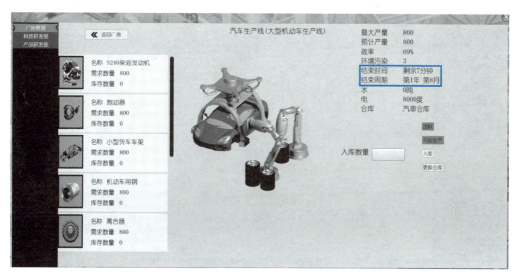

图 5-43

5.2.3 销售期

发布产品信息操作演示

销售期规则包括交易中心—发布产品信息和交易中心—供应物品 2 种。

（1）交易中心—发布产品信息

操作一：进入"交易中心"界面，选择"现货市场"选项，单击"发布供应"按钮，如图 5-44 所示。

图 5-44

操作二：选择仓库，选中需要发布的物品，单击"发布"按钮，如图5-45所示。

图 5-45

操作三：设置发布的数量及单价，并选择发布的时间值，单击"确定"按钮，如图5-46所示。

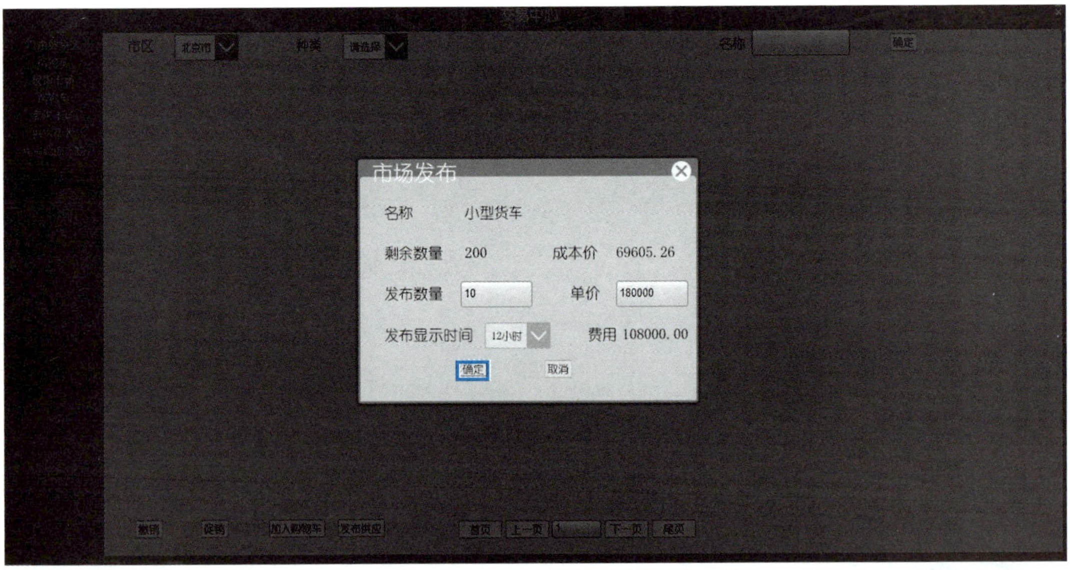

图 5-46

（2）交易中心—供应物品

操作一：进入"交易中心"界面，选择"需求市场"选项，选中供应信息，单击"供货"按钮，如图5-47所示。

供应物品操作演示

图 5-47

操作二：选择"供货列表"选项，输入出售数量，单击"供货"按钮，如图5-48所示。

图 5-48

本章小结

　　本章主要讲解了汽车整车制造公司创建、建设前期的运营规则、建设期的准备工作及运营期的运营工作。使学生对汽车整车制造公司有一个初步的认识,对汽车整车制造公司的经营工作有个大致的了解。

 复习思考题

1. 你准备生产一种汽车,是否可以用自己生产的车架来降低成本?
2. 从哪里可以获取生产原料?
3. 列举货车的销售渠道。
4. 如何避免前期资金不足?
5. 如何合理安排前期生产计划?

第 6 章

批发和零售业其他综合零售公司经营流程

1. 掌握批发和零售业其他综合零售公司建设的基本流程。
2. 掌握批发和零售业其他综合零售公司的营业模式。
3. 掌握批发和零售业其他综合零售公司的运营规则。
4. 掌握批发和零售业其他综合零售公司与其他公司之间的交易流程。

详细准确地完成批发和零售业其他综合零售公司的建设、营业模式的选择、运营及与其他公司交易的工作流程。

6.1 公司主界面介绍

（1）进入批发和零售经营公司主界面，显示正下方的 14 个图标为公共功能按钮，从左到右分别为"政府""地图""股票""银行""保险""财务""仓库""固定资产管理""交易中心""人力资源管理""物流中心""中介""运营""投资设置"，如图 6-1 所示。

图 6-1

（2）进入主界面，正下方从右到左第二个按钮为"运营"按钮，位置如图 6-2 所示。单击可进入公司运营操作界面。

图 6-2

(3) 主界面左上角显示公司 logo、公司名称、公司金额等基本信息，位置如图 6-3 所示。

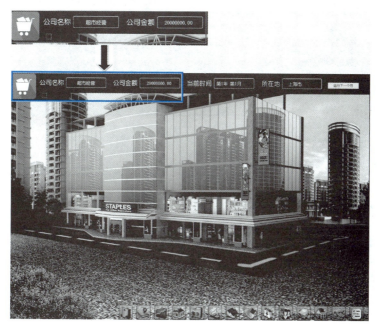

图 6-3

(4) 单击主界面右上角"运行下一个月"按钮，可推动系统周期至下一个月，位置如图 6-4 所示。

图 6-4

（5）单击主界面左上角"多选模式"复选框，可进行多个选择，位置如图6-5所示。

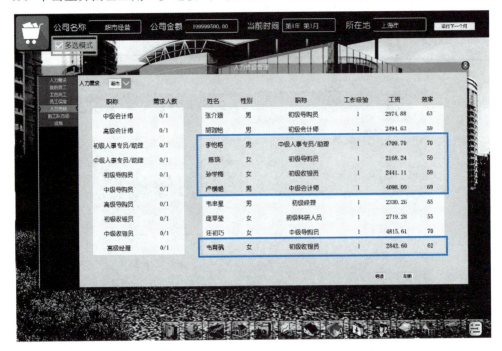

图 6-5

6.2 公司运营规则

公司运营规则包括超市管理、楼层管理、营业模式、迎客和数据统计5种。

6.2.1 超市管理

超市管理是一个重要的操作环节，所有销售工作都在这里进行操作。超市需在中介进行购买。超市管理规则包括新建超市、建设超市和进入超市3种（见表6-1）。

表 6-1 超市管理规则

类 别	规 则
新建超市	①名称不可超过8个字符； ②不可输入汉字以外的字符； ③根据建设周期进行投资，每月只可投资一次，建设完成才可进入超市； ④超市投资费用按建设周期分次扣除
建设超市	在人力资源管理中招聘建设类施工队建设超市

续表

类　别	规　则
进入超市	① 超市出入口设置 ● 出入品设置不可重叠； ● 出放品需靠墙设置。 ② 添加货架 ● 货架不可摆放在人行通道上； ● 货架不可叠加摆放； ● 货架之间需有一定距离。 ③ 移动货架 ● 所有货架均可移动。 ④ 移除货架 ● 必须将货架上的物品清除后才可移除。 ⑤ 上货信息 ● 物品单价设置不可过高； ● 物品面积不可超过货架剩余使用面积。 ⑥ 下架信息 ● 物品下架后，迎客无法带来利润

6.2.2　楼层管理

楼层管理规则主要有以下 3 点。
（1）楼层设施需完成周期性建设投资后方可迎客；
（2）提高楼层设施装修等级可提高客流量；
（3）装修费用按建设周期分次扣除。

6.2.3　营业模式

营业模式规则主要有以下 2 点。
（1）设置超市营业时间；
（2）营业费用需每月交付。

6.2.4　迎客

迎客管理规则主要有以下 2 点。
（1）每周期可迎客 6 次；
（2）迎客将产生损耗，损耗费用在迎客时系统自动从迎客收入中扣除。

6.2.5　数据统计

数据统计规则主要有以下 4 点。
（1）月销售额统计；
（2）月进店总人数统计；

虚拟商业经营实践基础教程

（3）月进店消费总人数统计；
（4）人均消费额统计。

6.3　经营运作流程

经营运作流程规则包括建设期和营业期 2 种。

6.3.1　建设期

建设期规则包括缴纳税费、购买能源、购买固定资产、启用仓库、新建超市、人力资源管理和建设超市及装修 7 种。

（1）缴纳税费

操作：进入"政府"界面，选择"费用缴纳"选项，选择要缴纳费用的选项，单击"缴费"按钮，如图 6-6 所示。

缴纳税费、购买能源、购买
固定资产、启用仓库操作演示

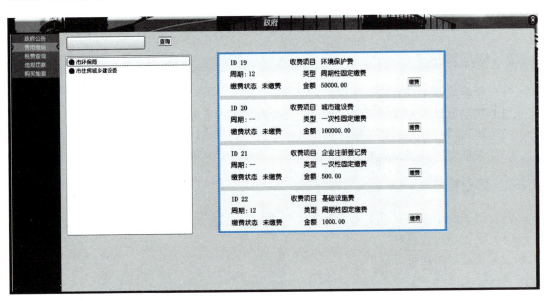

图 6-6

（2）购买能源
操作一：购买水、电能源，如图 6-7 所示。
操作二：对出现的污染，交付相应污染治理费，如图 6-8 所示。

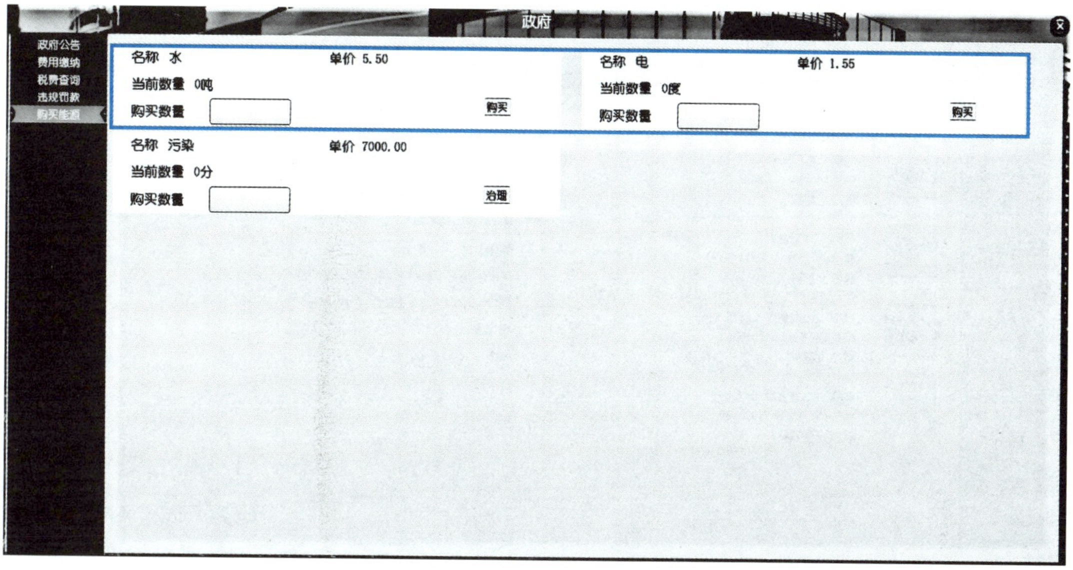

第6章 批发和零售业其他综合零售公司经营流程

图 6-7

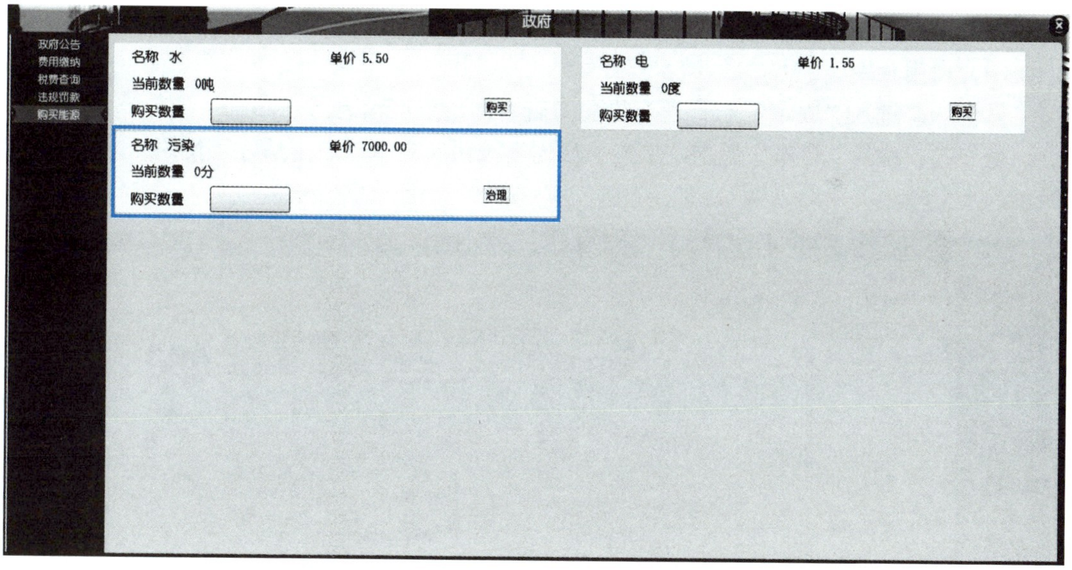

图 6-8

（3）购买固定资产

操作一：进入"中介"界面，选择"房产交易中心"选项。

操作二：选择发布源、城市与类型，单击"确定"按钮，出现仓库信息界面，选择需要购买的仓库，并单击"购买"按钮，如图 6-9 所示。

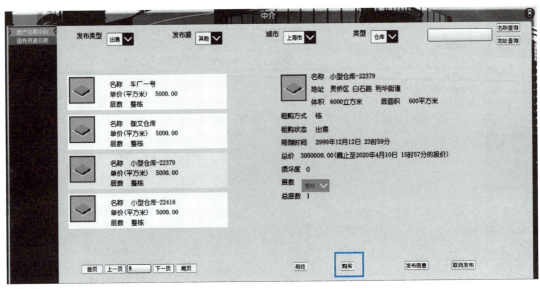

图 6-9

操作三：重复操作二步骤，购买超市。

（4）启用仓库

操作一：进入"固定资产管理"界面，查看固定资产信息。

操作二：选择"仓库"选项，单击"启用"按钮（仓库需启用后才可使用），如图 6-10 所示。

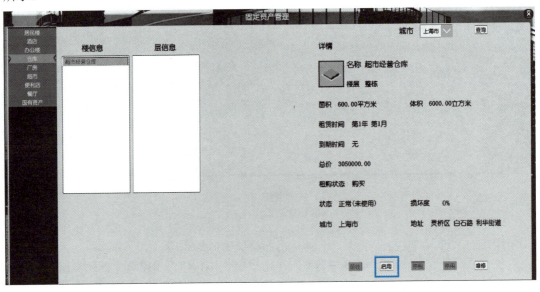

图 6-10

(5) 新建超市

操作一：进入"运营"界面，选择"超市管理"选项。

操作二：单击"新建超市/便利店"按钮，在弹出的界面输入超市名称并设置超市类型后，单击"确定"按钮，完成超市新建操作，如图 6-11 所示。

新建超市、人力管理操作演示

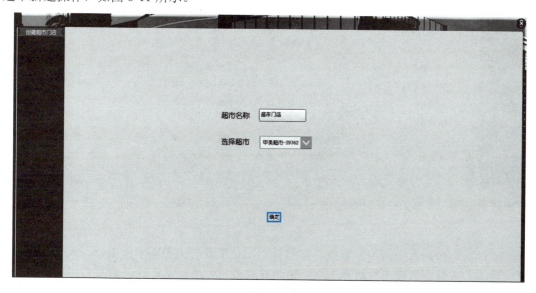

图 6-11

(6) 人力资源管理

操作一：进入"人力资源管理"界面，选择"人力需求"选项。

操作二：单击公司，查看公司岗位需求，如图 6-12 所示。

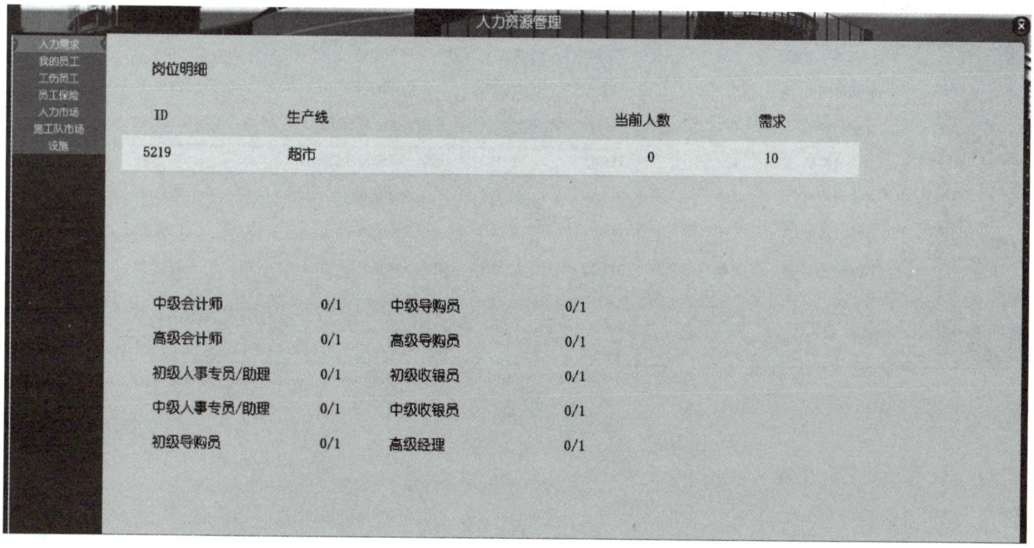

图 6-12

虚拟商业经营实践基础教程

操作三：选择"人力市场"选项，单击"刷新"按钮，如图6-13所示。

图 6-13

操作四：根据人力需求，查找并招聘员工。员工要与人力需求的工种、人数、级别匹配一致，若人数不够或工种级别不对，则会导致公司无法正常运行，如图6-14所示。

图 6-14

操作五：选中超出计划的人员，单击"解雇"按钮，每次解雇需支付 3 个月工资费用，如图 6-15 所示。

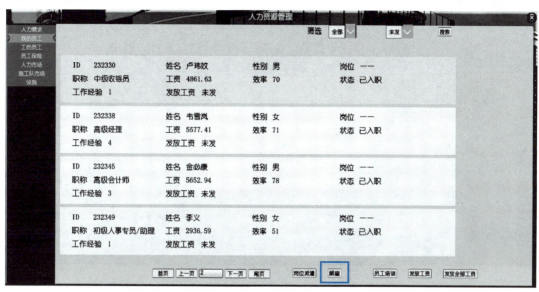

图 6-15

操作六：选择级别不够的员工，单击"员工培训"按钮，如图 6-16 所示。

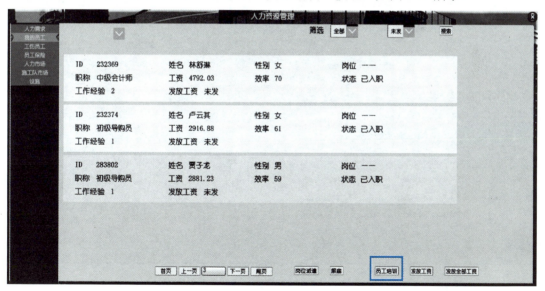

图 6-16

操作七：选择培训职位，单击"确定"按钮，并支付培训费用，如图6-17所示。

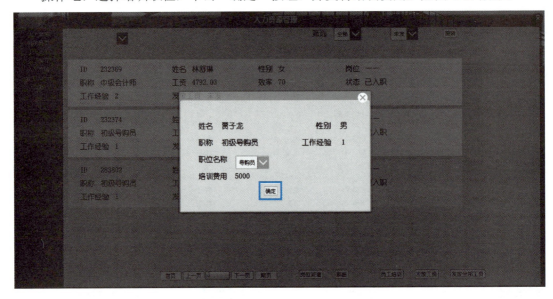

图 6-17

操作八：将所需人员雇用齐全，满足人力需求，如图6-18所示。

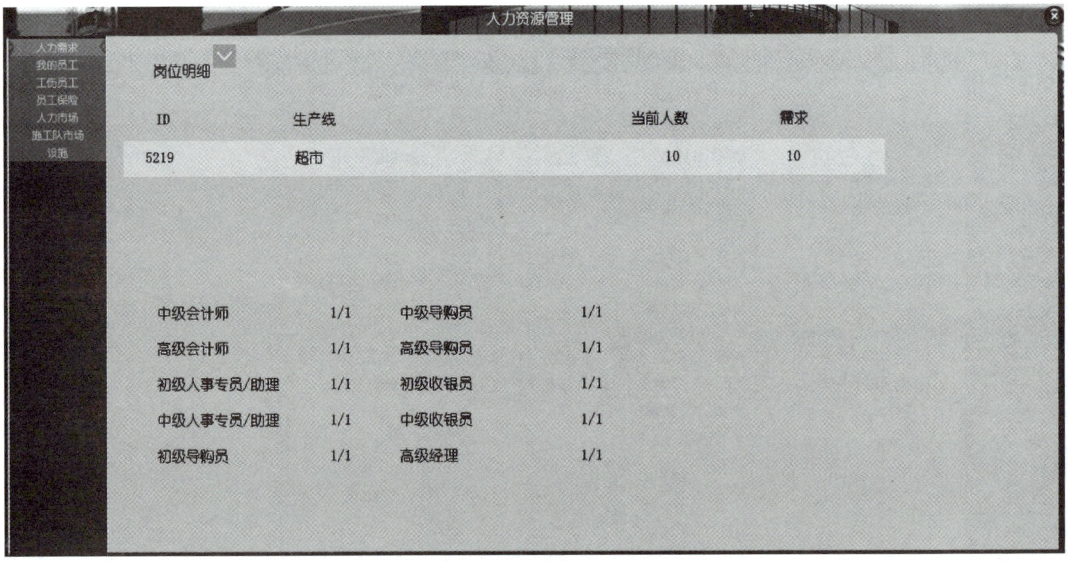

图 6-18

操作九：选择"我的员工"选项，选择员工，单击"发放全部工资"按钮（每运行下一个月前需将员工工资发放完成才可进入下一个月），如图6-19所示。

第 6 章　批发和零售业其他综合零售公司经营流程

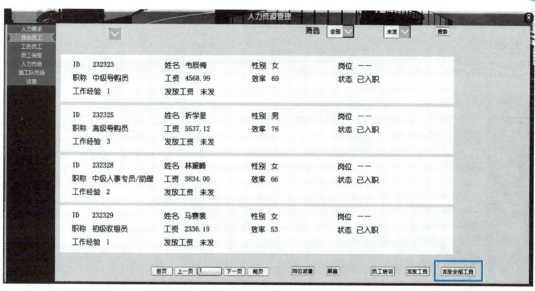

图 6-19

操作十：单击"运行下一个月"按钮。

重复人力管理—工资发放操作，并继续为超市进行投资建设，使其成为完成状态。

（7）建设超市及装修

① 建设阶段。

操作一：选择"施工队市场"选项，选择合适的"建设类施工队"，单击"聘请"按钮，如图 6-20 所示。

建设超市及装修操作演示

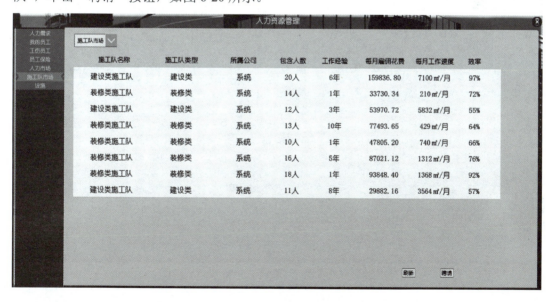

图 6-20

操作二：建设施工队招聘完成后，选择"超市门店"选项，单击"配置施工队"按钮，如图 6-21 所示。

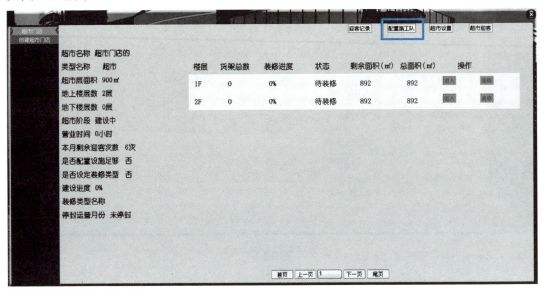

图 6-21

在等待配置的施工队中选择"建设施工队"为空闲状态的建设类施工队，单击"分配"按钮，如图 6-22 所示。

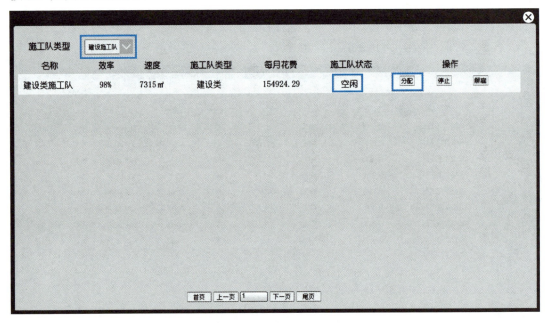

图 6-22

第6章 批发和零售业其他综合零售公司经营流程

选择要建设的超市，并单击"确定"按钮，如图6-23所示。

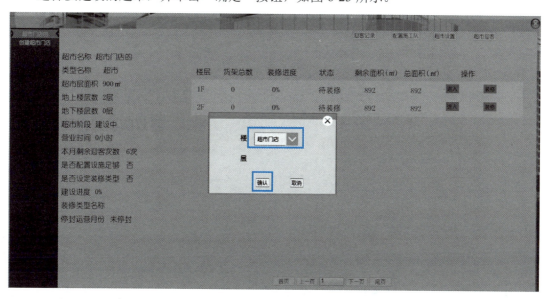

图 6-23

操作三：建设施工队分配完成后，单击"投资设置"按钮进行投资。

第一步：在"资金"后面输入投资的钱，并单击"投资"按钮（投资金额最少是招聘的建设施工队价钱的30%），如图6-24所示。

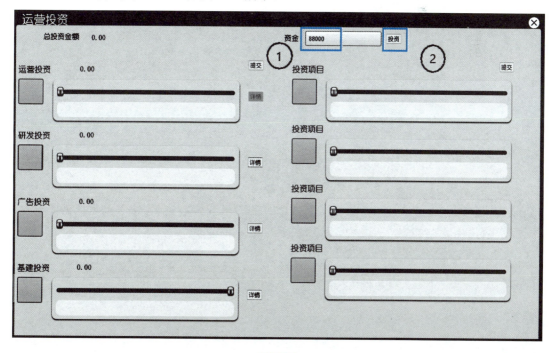

图 6-24

第二步：将"基建投资"滚动条拉到最右边，单击"提交"按钮，如图 6-25 所示。

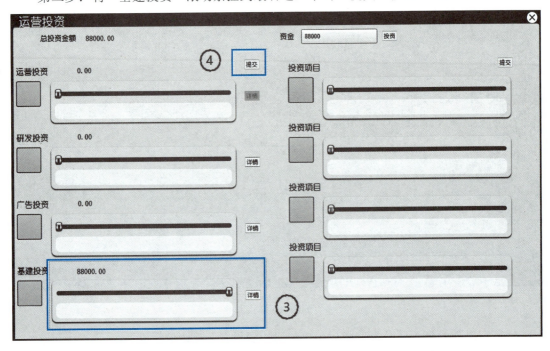

图 6-25

在弹出的"投资金额已确认"提示框中单击"确定"按钮，如图 6-26 所示。

图 6-26

第 6 章 批发和零售业其他综合零售公司经营流程

第三步：单击"详情"按钮，如图 6-27 所示。

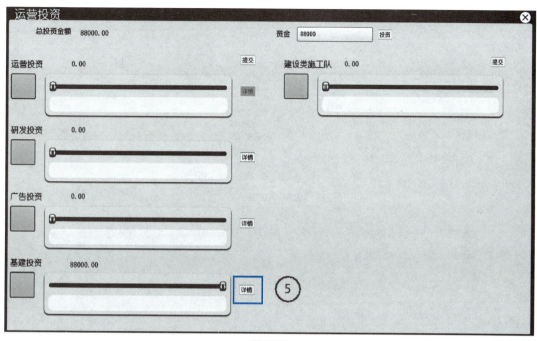

图 6-27

第四步：把"建设类施工队"滚动条拉到最右边，单击"提交"按钮，如图 6-28 所示。

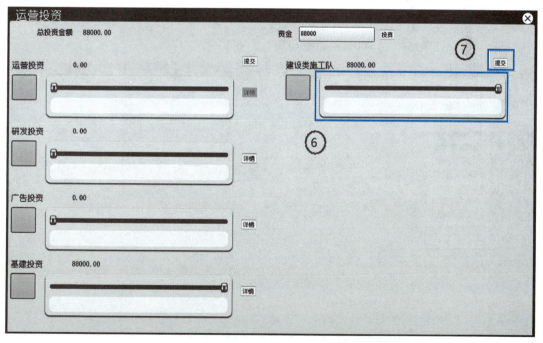

图 6-28

在弹出的"投资信息已确认"提示框中单击"确定"按钮，如图 6-29 所示。

图 6-29

发放员工工资，并单击"运行下一月"按钮查看建设进度。若建设进度是 100%，则投资完成；若建设进度小于 100%，则继续重复上述第一步、第二步、第三步、第四步的步骤进行投资，直到建筑进度为 100%，如图 6-28～图 6-30 所示。

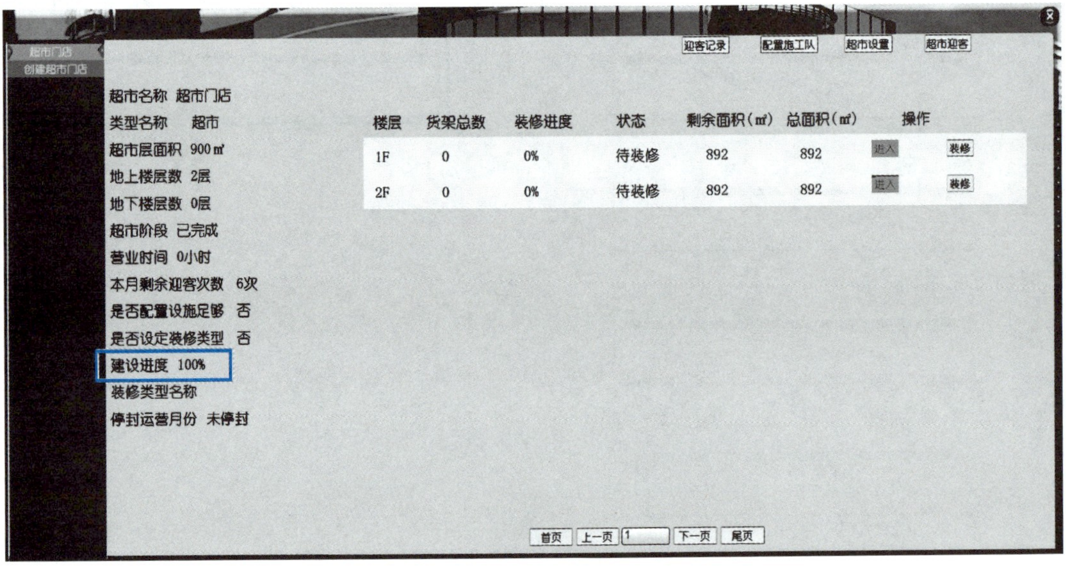

图 6-30

② 装修阶段。

操作一：选择"施工队市场"选项，选择合适的"装修类施工队"，单击"聘请"按钮，如图 6-31 所示。

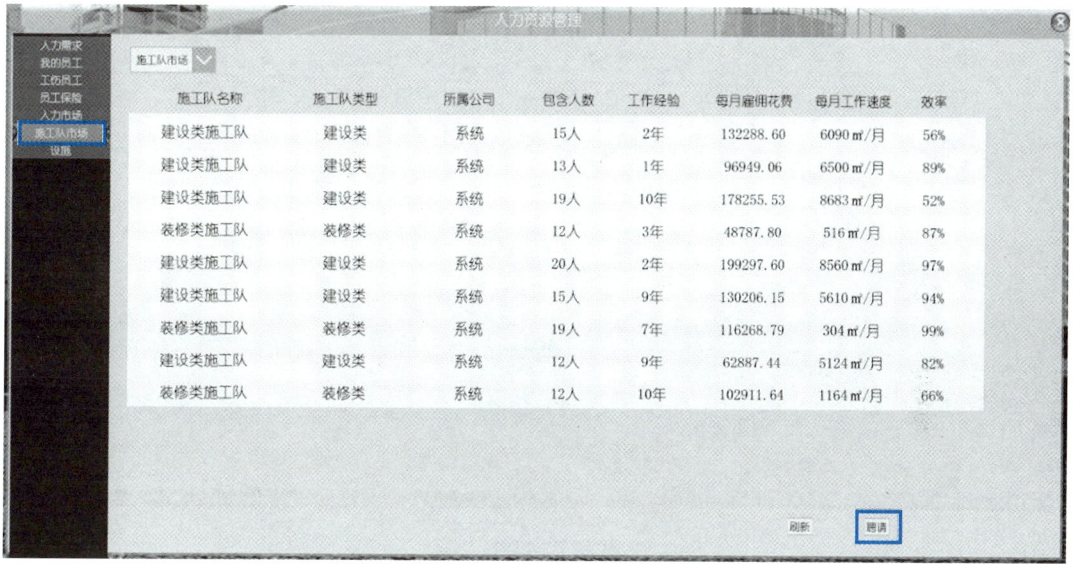

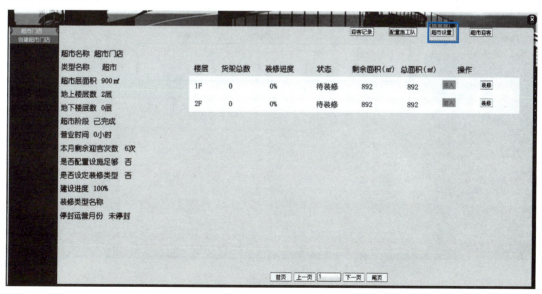

图 6-31

操作二："装修施工队"招聘完成后，选择"超市门店"选项，单击"超市设置"按钮，如图 6-32 所示。

图 6-32

选择"装修级别",单击"确认"按钮,如图6-33所示。

图6-33

操作三:单击"装修"按钮,弹出如图6-34所示的界面,按照装修材料需求在交易中心购买装修材料。

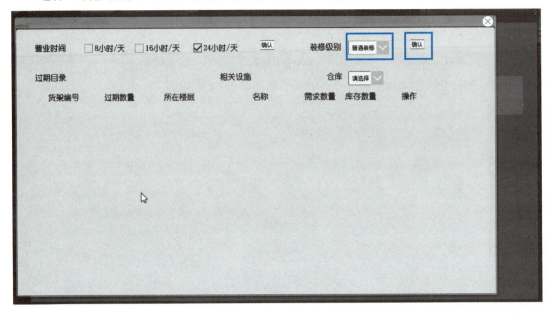

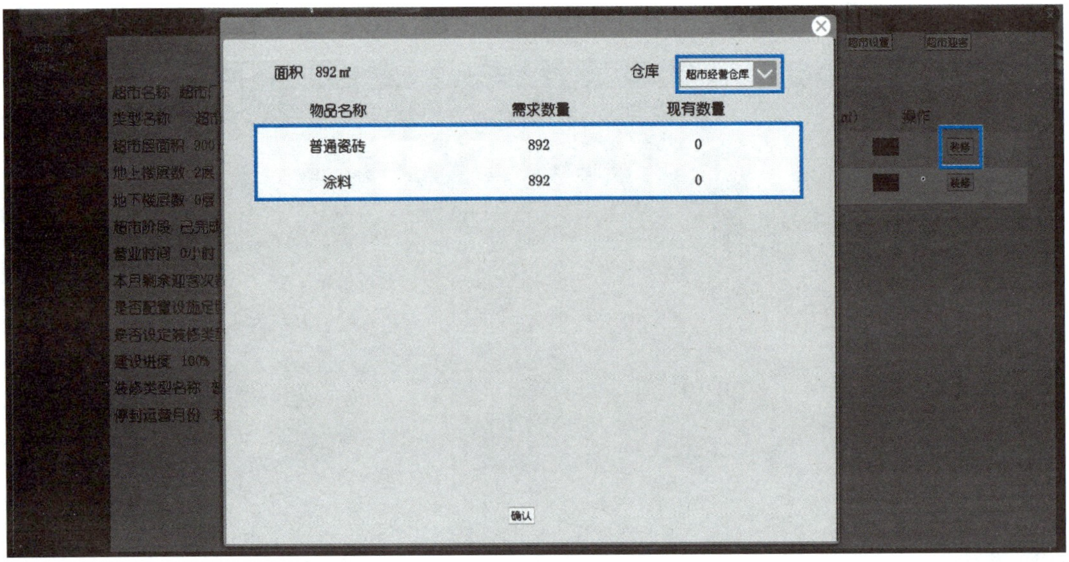

图6-34

操作四：进入"交易中心"界面，选择"自由贸易区"选项。

操作五：选择物品城市、种类，或输入查找的物品名称，单击"确定"按钮，如图6-35所示。

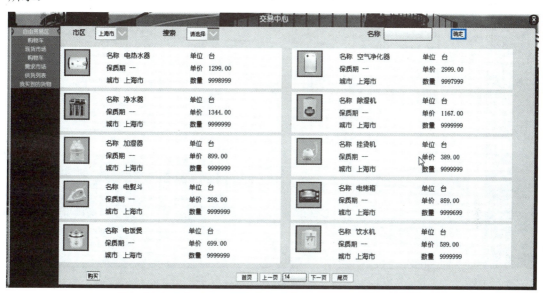

图 6-35

操作六：选择所需要的物品，单击"购买"按钮，如图6-36所示。

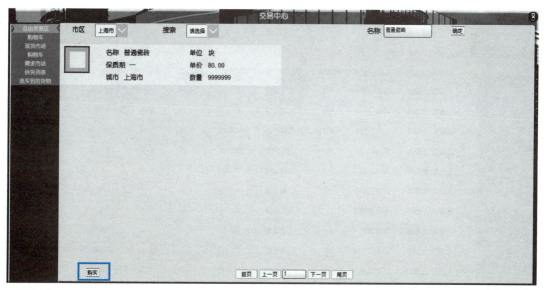

图 6-36

操作七：重复操作三步骤，购买所有设备。

操作八：在"自由贸易区-购物车"输入数量，选择"收货仓库"，如图6-37所示。

图6-37

操作九：选择"货运方式"，单击"确认"按钮，选中物流公司，单击"确认"按钮，如图6-38所示。

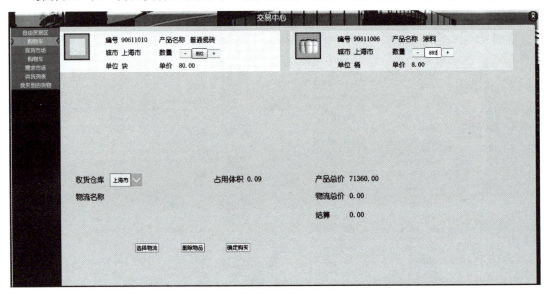

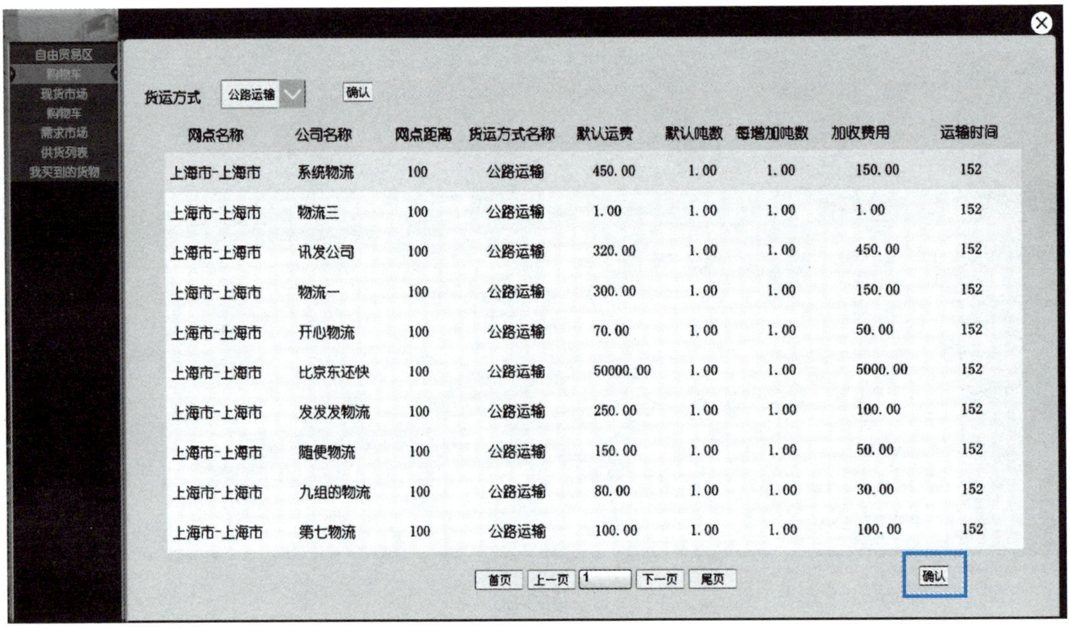

图6-38

操作十：查看交易金额，单击"确定购买"按钮，如图6-39所示。

图 6-39

操作十一：卸货。

第一步：进入"物流中心"界面，选择"订单管理"选项。

第二步：查看待收货的订单，确定要卸货的订单，单击"卸货"按钮，如图6-40所示。

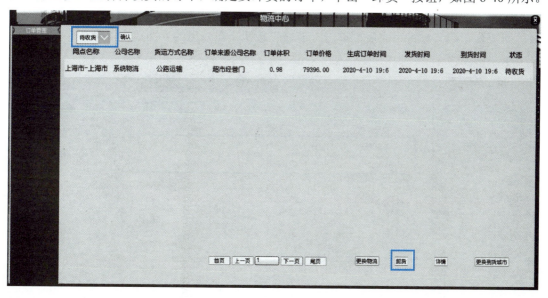

图 6-40

虚拟商业经营实践基础教程

操作十二：进入"仓库"界面，选择"超市经营仓库"选项，选择存放的仓库，查看仓库库存信息，如图 6-41 所示。

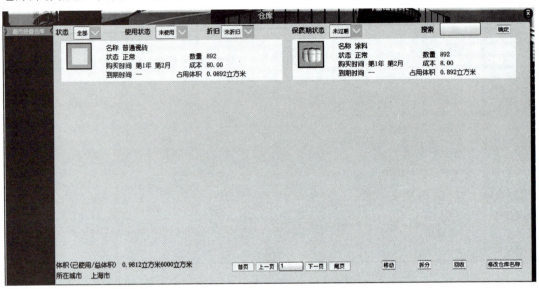

图 6-41

操作十三：装修超市。
第一步：单击"装修"按钮。
第二步：去"交易中心"购买装修材料。
第三步：购买材料完成后，单击"装修"按钮，在弹出的界面单击"确认"按钮，如图 6-42 所示。

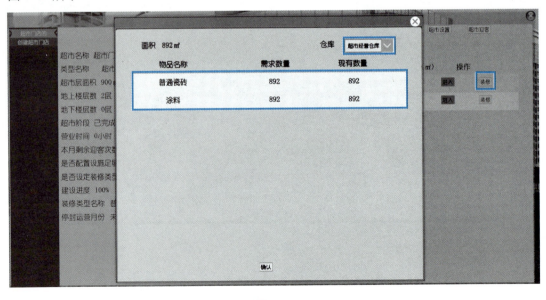

图 6-42

第 6 章 批发和零售业其他综合零售公司经营流程

确认完成后弹出"材料入场提示"提示框，单击"确定"按钮，如图 6-43 所示。

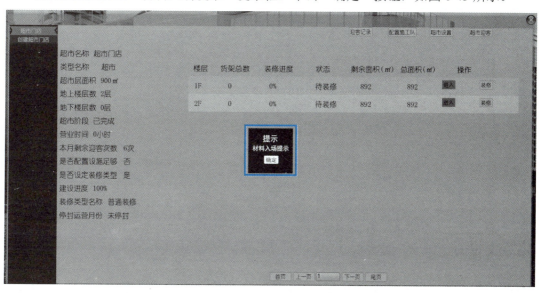

图 6-43

第四步：确认材料完成后，选择施工队类型为"装修施工队"且"分配"状态为空闲的施工队，单击"分配"按钮，如图 6-44 所示。

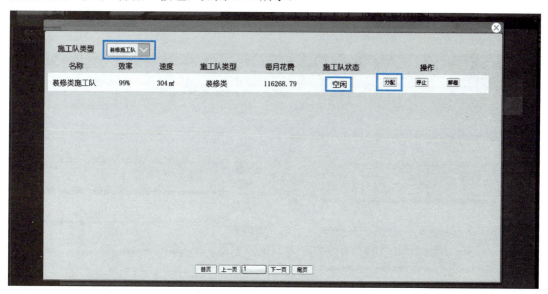

图 6-44

选择需要装修的超市及楼层，单击"确认"按钮，如图 6-45 所示。（切记一定是先将装修材料入场后才分配装修施工队）

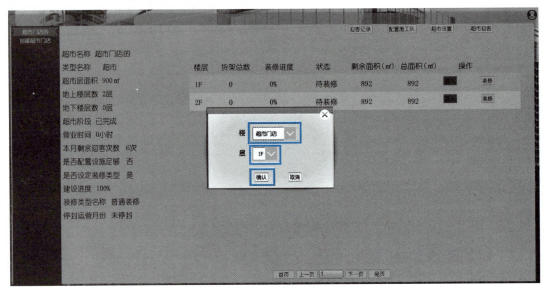

图 6-45

操作十四：装修施工队分配完成后，进入投资设置进行投资。

第一步：在"资金"后面输入投资的钱，并单击"投资"按钮（投资金额最少是装修施工队价钱的 30%），如图 6-46 所示。

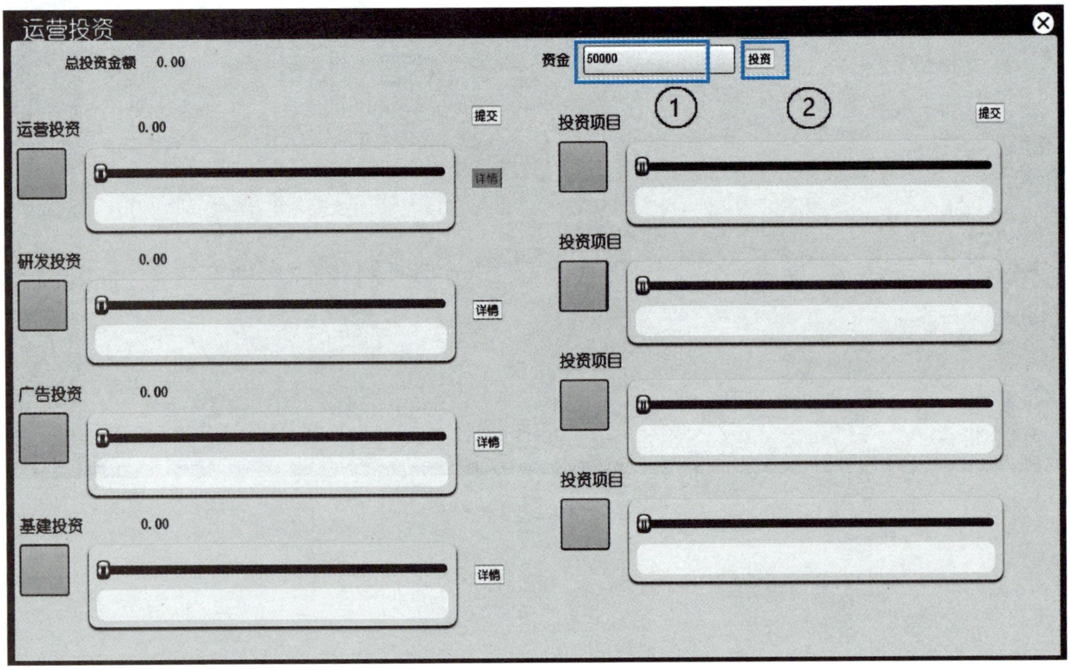

图 6-46

第二步：将"基建投资"滚动条拉到最右边，单击"提交"按钮，如图6-47所示。

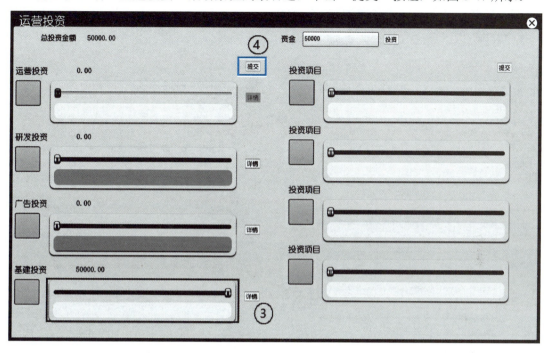

图6-47

在弹出的"投资金额已确认"提示框中单击"确定"按钮，如图6-48所示。

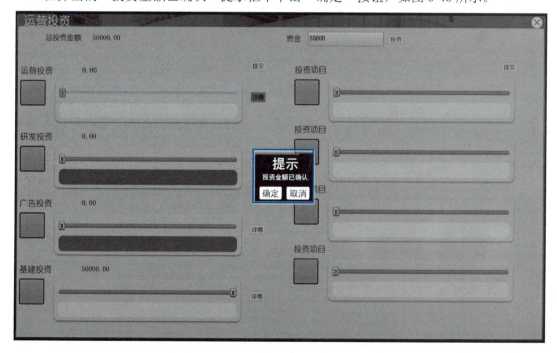

图6-48

虚拟商业经营实践基础教程

第三步：单击"详情"按钮，如图 6-49 所示。

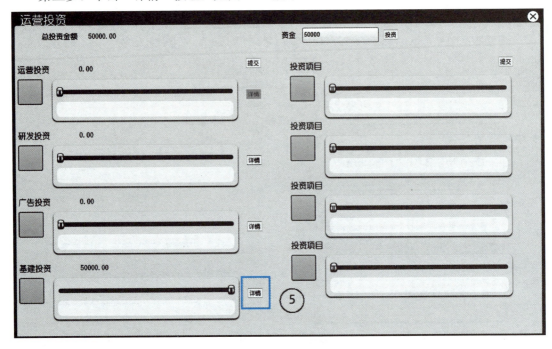

图 6-49

第四步：将"装修类施工队"滚动条拉到最右边，单击"提交"按钮，如图 6-50 所示。

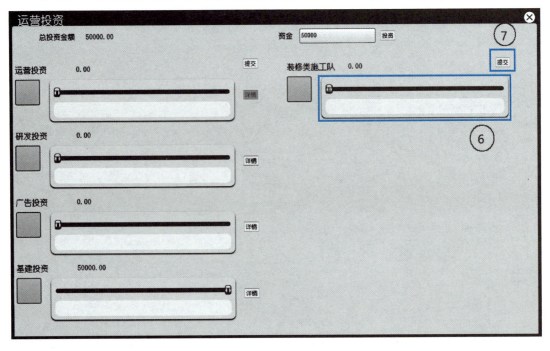

图 6-50

在弹出的"投资信息已确认"提示框中,单击"确定"按钮,如图 6-51 所示。

图 6-51

发放员工工资,并单击"运行下一月"按钮,查看建设进度。若装修进度是 100%,则投资完成;若装修进度小于 100%,则继续重复上述第一到第四步的步骤进行投资,直到装修进度为 100%,如图 6-50~图 6-52 所示。

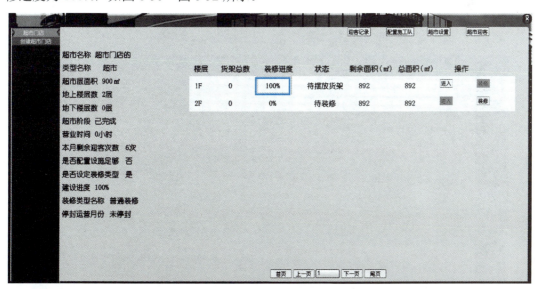

图 6-52

操作十五:重复上述操作装修剩余超市楼层。

6.3.2 营业期

设置超市营业时间及安装相关设施操作演示

营业期的规则包括以下 9 种：设置超市营业时间及安装相关设施，进入超市摆放超市扶梯、门、收银台，购买货架和商品，卸货，查看货物，摆放货架，货架上货添加/移除货物，增加固定资产，迎客。

（1）设置超市营业时间及安装相关设施

操作一：进入"运营"界面，选择"超市门店"选项，单击"超市设置"按钮，如图 6-53 所示。

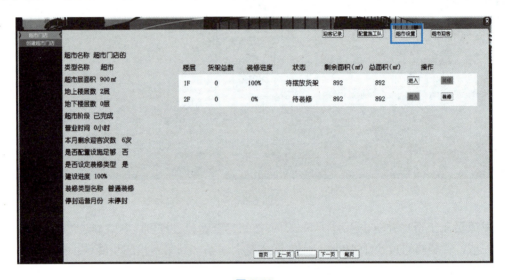

图 6-53

操作二：选择营业时间，单击"确认"按钮，如图 6-54 所示。

图 6-54

操作三：选择仓库，安装相关设施物品（在交易中心中购买相关设施物品），如图 6-55 和图 6-56 所示。

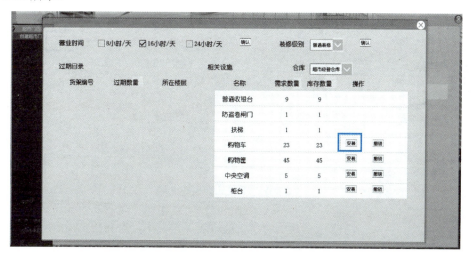

图 6-55

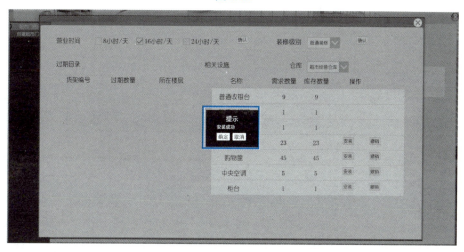

图 6-56

（2）进入超市摆放超市扶梯、门、收银台

操作一：进入"运营"界面，选择"超市门店"选项，单击"进入"按钮，如图 6-57 所示。

操作二：选择建筑物，摆放超市扶梯、门、收银台，如图 6-58 所示。

（3）购买货架和商品

操作一：在超市的建筑物中查看需要购买的货架，如图 6-59 所示。

操作二：进入"交易中心"界面，选择"自由贸易区"选项。

操作三：选择物品城市、种类，或输入查找的物品名称，单击"确定"按钮，如图 6-60 所示。

虚拟商业经营实践基础教程

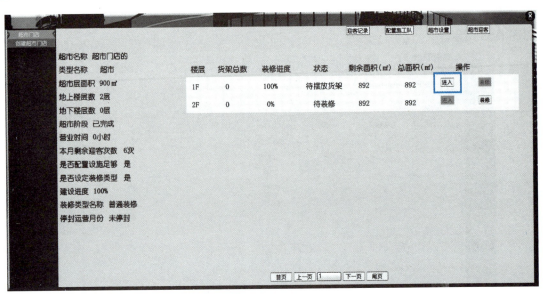

图 6-57

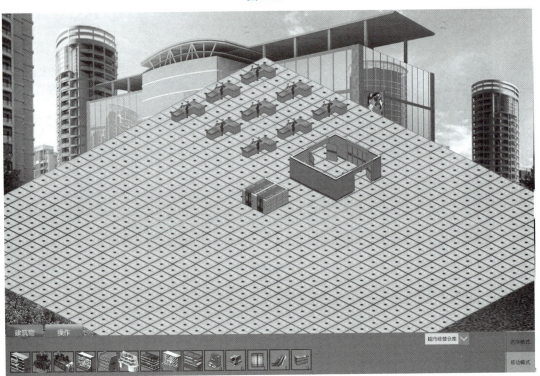

图 6-58

第 6 章 批发和零售业其他综合零售公司经营流程

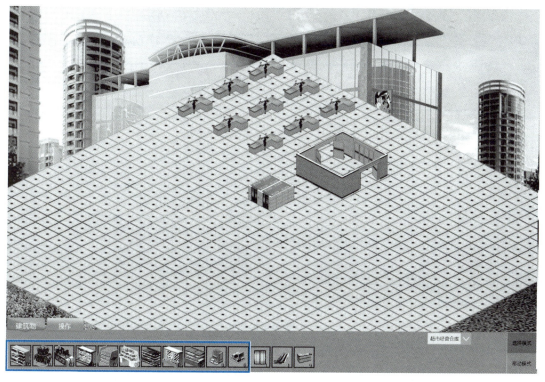

图 6-59

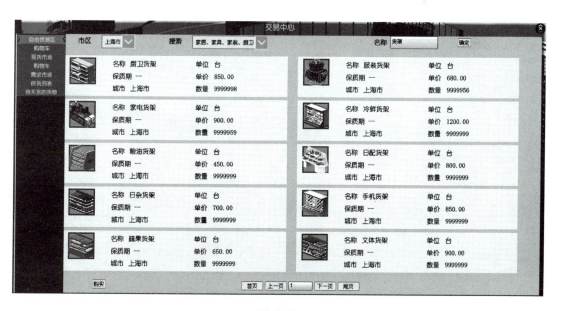

图 6-60

操作四：选所需要的物品，单击"购买"按钮，如图 6-61 所示。

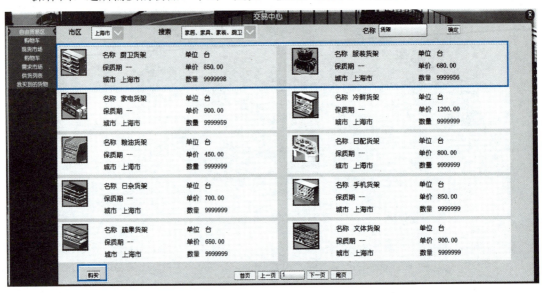

图 6-61

操作五：重复操作三步骤，购买所需设备和商品。

操作六：选择"自由贸易区-购物车"选项，输入数量，选择"收货仓库"，如图 6-62 所示。

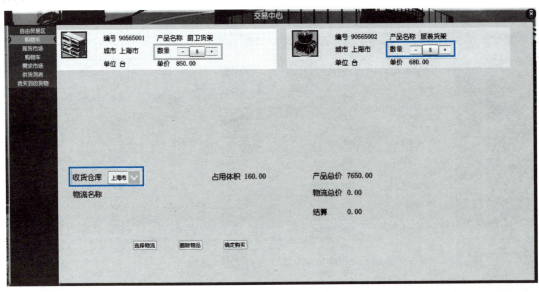

图 6-62

第6章 批发和零售业其他综合零售公司经营流程

操作七：选择"货运方式"，单击"确认"按钮，选中物流公司，单击"确认"按钮，如图 6-63 所示。

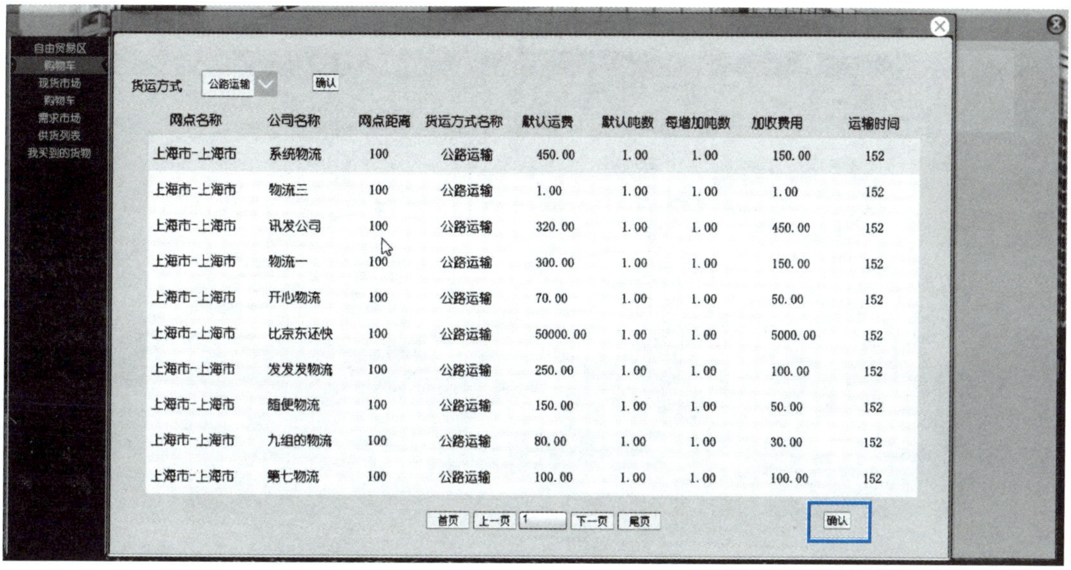

图 6-63

操作八：查看交易金额，单击"确定购买"按钮，如图 6-64 所示。

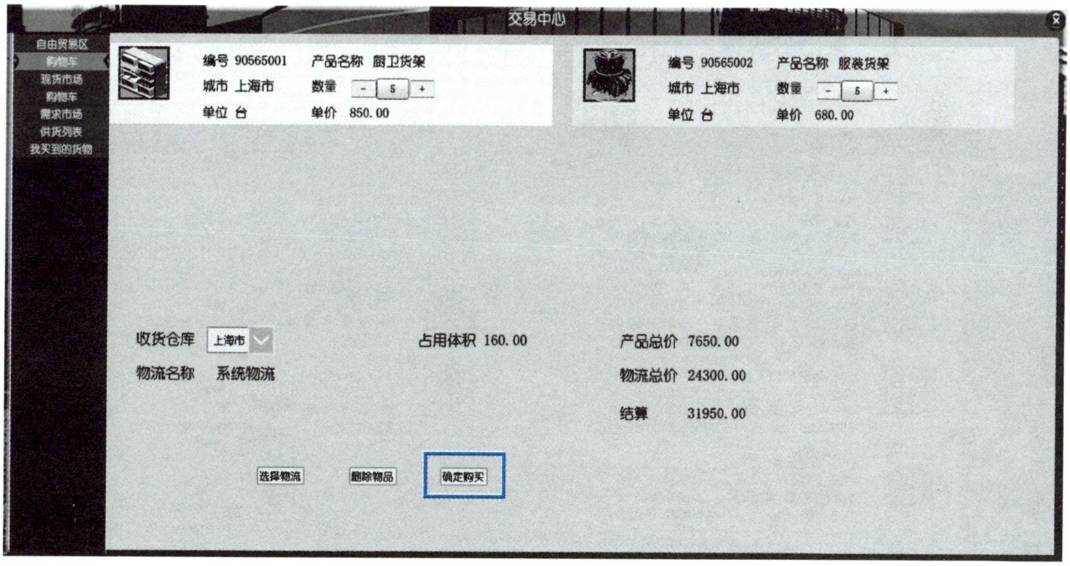

图 6-64

（4）卸货

操作一：进入"物流中心"界面，选择"订单管理"选项。

操作二：查看待收货的订单，确定要卸货的订单，单击"卸货"按钮，如图 6-65 所示。

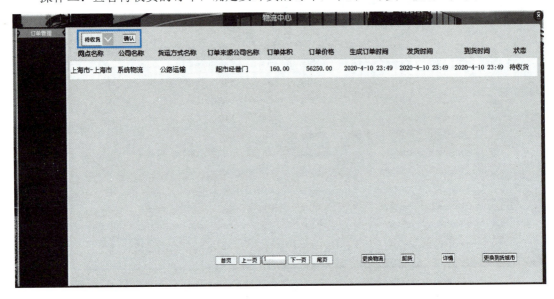

图 6-65

（5）查看货物

操作：进入"仓库"界面，选择"超市经管仓库"选项，选择存放的仓库，查看仓库库存信息，如图 6-66 所示。

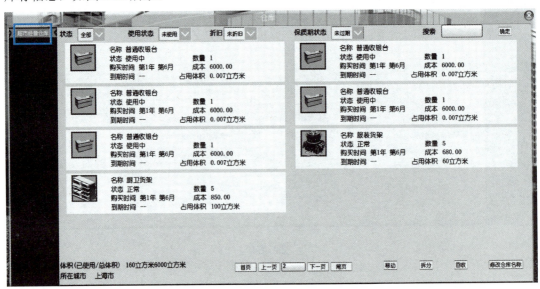

图 6-66

第 6 章　批发和零售业其他综合零售公司经营流程

（6）摆放货架

操作一：进入"运营"界面，选择"超市门店"选项，单击"进入"按钮，如图 6-67 所示。

操作二：选择货架并摆放，如图 6-68 所示。

摆放货架、货架上货、添加/移除货物、超市迎客操作演示

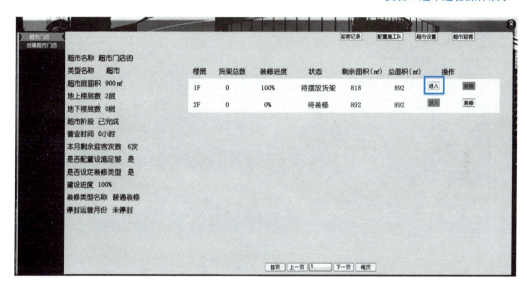

图 6-67

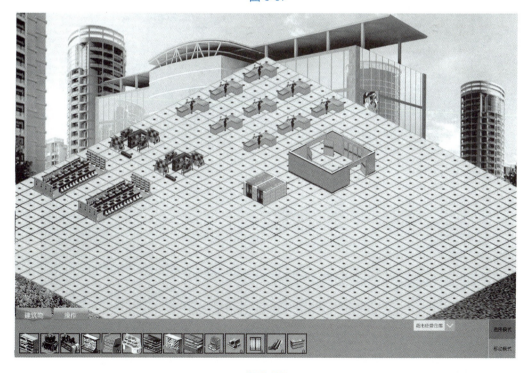

图 6-68

操作三：移动货架，选中货架，单击"移动"按钮，如图 6-69 所示。

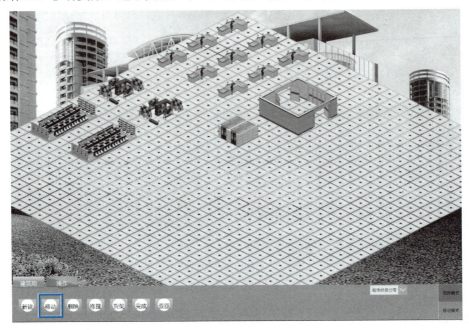

图 6-69

操作四：删除货架，选中货架，单击"删除"按钮，如图 6-70 所示。

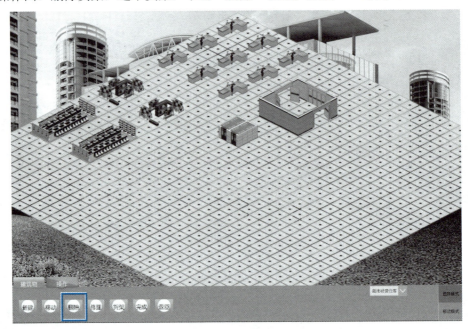

图 6-70

操作五：修理货架，选中货架，单击"修理"按钮，如图 6-71 所示。

第 6 章 批发和零售业其他综合零售公司经营流程

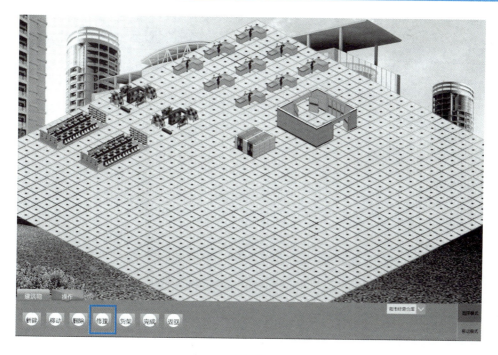

图 6-71

操作六：选择模式和移动模式可切换，如图 6-72 所示。

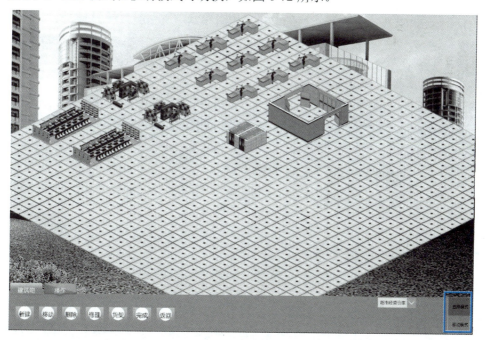

图 6-72

操作七：货架摆放完成后，单击"完成"按钮，结束货架摆放（移动、删除操作都是在未结束摆放货架阶段可操作），如图 6-73 所示。

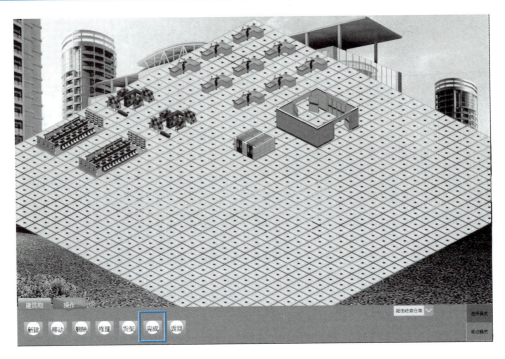

图 6-73

(7) 货架上货添加/移除货物

操作一:选择货架,单击"货架"按钮,如图 6-74 所示。

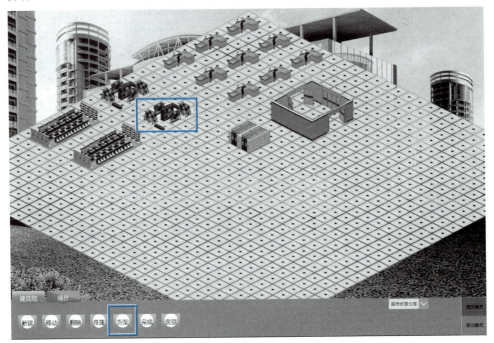

图 6-74

第6章 批发和零售业其他综合零售公司经营流程

操作二：选择仓库，查看货架所需货物（交易市场购买物品），如图6-75所示。

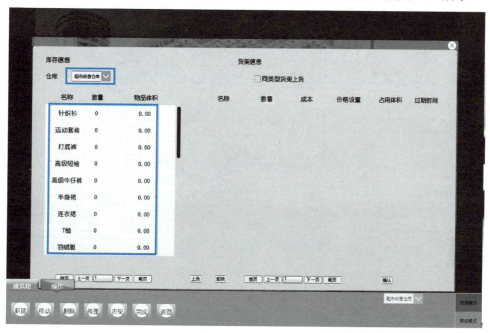

图6-75

操作三：选择需要上货物品，单击"上货"按钮，在货架信息中输入数量价格，最后单击"确认"按钮（也可同类型货架上货，选中"同类型货架上货"），如图6-76所示。

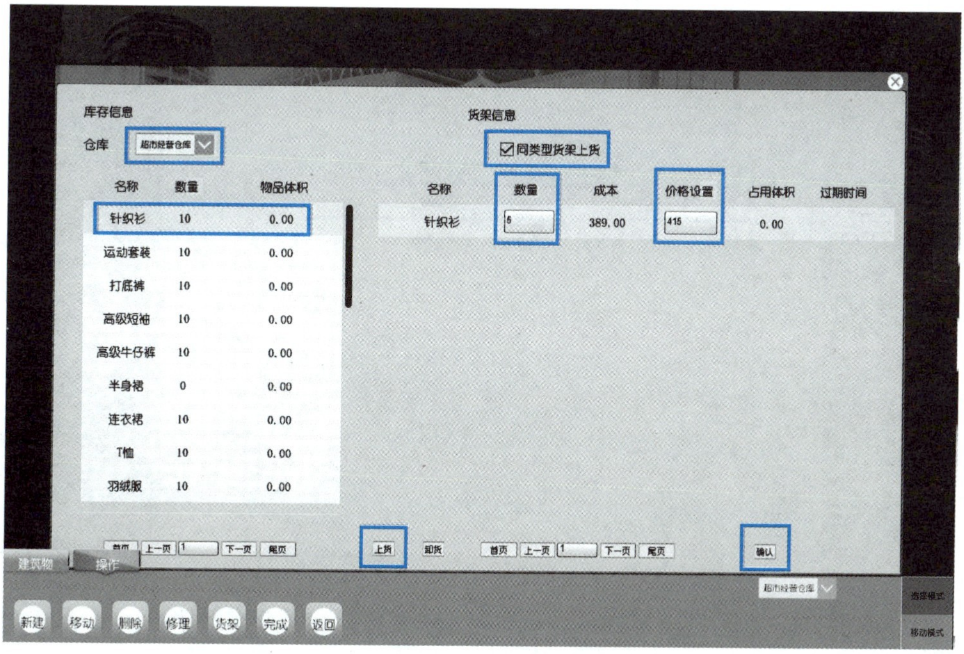

图6-76

操作四:单击"卸货"按钮,单击下架信息,选择下架物品单击下架,如图 6-77 所示。

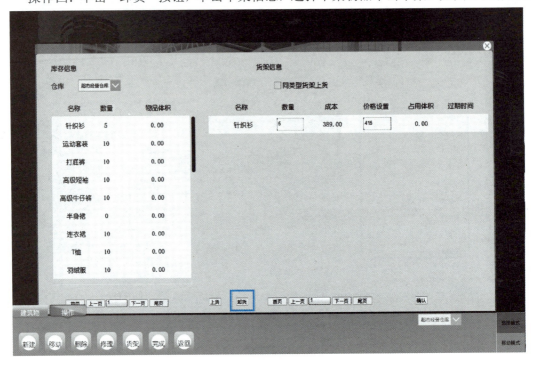

图 6-77

操作五:选择仓库,选择货物,单击"移除同类型货架"按钮,如图 6-78 所示。

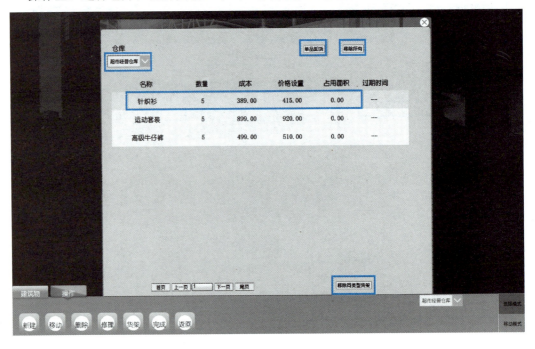

图 6-78

(8) 增加固定资产

操作一：进入"中介"界面，选择"房产交易中心"选项。

操作二：选择城市与分类，单击"确定"按钮，出现居民楼信息界面，选择需要购买的居民楼，单击"购买"按钮，如图6-79所示。

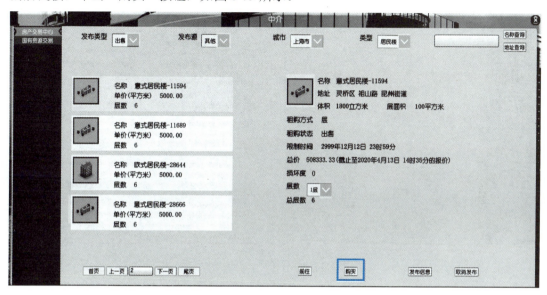

图 6-79

操作二：进入"固定资产管理"界面，选择"居民楼"选项，选择入住的楼信息，单击"入住"按钮，如图6-80所示。

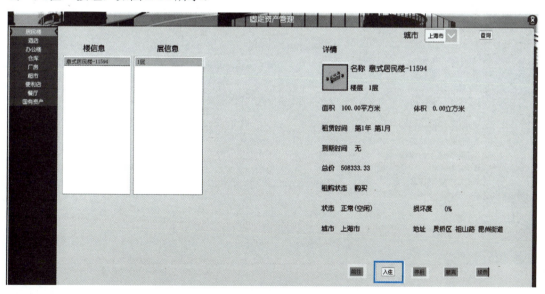

图 6-80

操作三：选择"办公楼"选项，选择入住的楼信息，单击"入住"按钮，如图6-81所示。

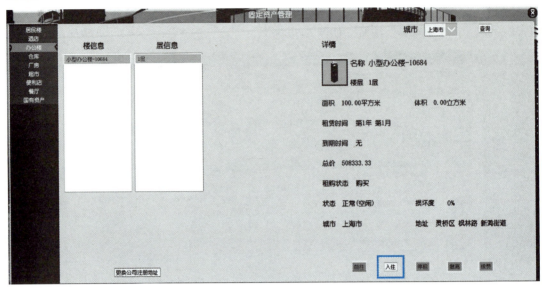

图 6-81

（9）迎客

操作一：进入"运营"界面，选择"超市门店"选项，单击"超市迎客"按钮，单击"迎客记录"按钮，如图6-82所示。

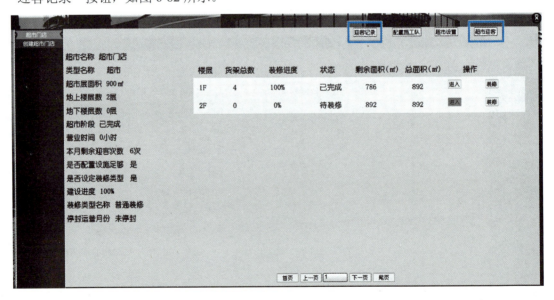

图 6-82

操作二：选择年份、月份、迎客批次，单击"查询"按钮，查看迎客记录，如图 6-83 所示。

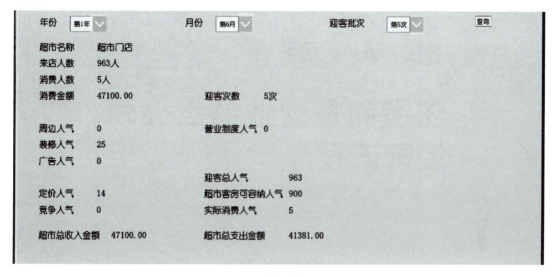

图 6-83

本章小结

本章主要讲解了批发和零售业其他综合零售创建公司、建设前期的运营规则、建设期的准备工作及运营期的运营工作。使学生对批发和零售业其他综合零售公司有一个初步的认识，对批发和零售业其他综合零售公司的经营工作有个大致的了解。

复习思考题

1. 大型超市前期规划耗时较长，有没有统筹方法来减少规划耗时？
2. 如何避免超市被封停？
3. 超市每月可以营业几次？
4. 超市出现非法定价会被封停多久？
5. 超市非法定价罚款多少？

第 7 章
住宿和餐饮业酒店公司经营流程

1. 掌握住宿和餐饮业酒店公司建设的基本流程。
2. 掌握住宿和餐饮业酒店公司营业模式。
3. 掌握住宿和餐饮业酒店公司的运营规则。
4. 掌握住宿和餐饮业酒店公司与其他公司之间的交易流程。

详细准确地完成住宿和餐饮业酒店公司的建设、营业模式选择、运营及与其他公司交易的工作流程。

7.1 公司主界面介绍

酒店分为商务酒店、连锁酒店、星级酒店等。本章以商务酒店为例。

（1）进入酒店经营公司主界面，显示正下方的 14 个图标为公共功能按钮，从左到右分别为"政府""地图""股票""银行""保险""财务""仓库""固定资产管理""交易中心""人力资源管理""物流中心""中介""运营""投资设置"，如图 7-1 所示。

（2）单击"运营"按钮可进入公司运营操作界面，如图 7-2 所示。

第 7 章 住宿和餐饮业酒店公司经营流程

图 7-1

图 7-2

（3）主界面左上角显示公司 logo、公司名称、公司金额等基本信息，位置如图 7-3 所示。

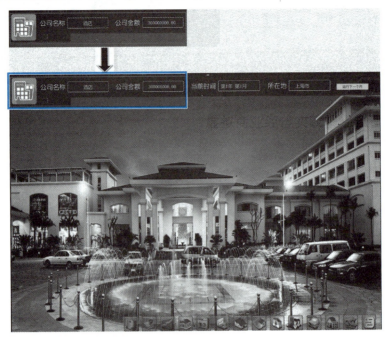

图 7-3

（4）单击主界面右上角"运行下一个月"按钮，可推动系统周期至下一个月，位置如图 7-4 所示。

图 7-4

第 7 章　住宿和餐饮业酒店公司经营流程

（5）单击主界面左上角"多选模式"复选框，可进行多个选择，位置如图 7-5 所示。

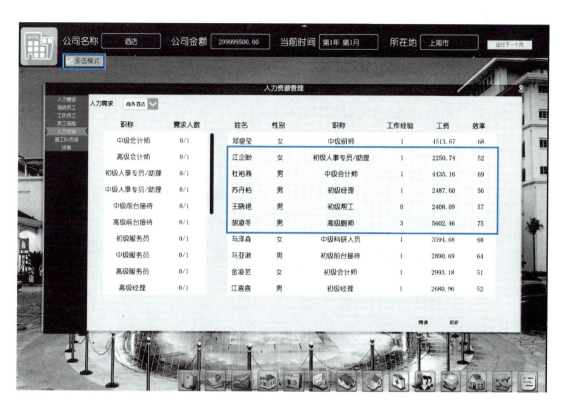

图 7-5

7.2　公司运营规则

本章主要介绍酒店的管理规则，酒店管理是一个重要的操作环节，所有建设工作都在这里进行操作。酒店需在中介进行购买，不同面积的酒店，价格也不同。其具体规则如表 7-1 所示。

表 7-1　酒店公司运营规则

类　别	规　则
新建的酒店	① 名称不可超过 8 个字符； ② 不可输入汉字以外的字符； ③ 已存在的酒店名称不可重复使用； ④ 根据建设周期进行投资，每月只可投资一次，建设完成才可进入酒店； ⑤ 酒店投资费用按建设周期分次扣除
管理酒店	不同的酒店楼层和面积不一样，对酒店每个楼层进行相应建设，建设面积不得超过当前楼层可用面积。

续表

类　别	规　则
管理酒店	① 新建服务 完成服务设施的周期性建设方可使用； 新建服务可增加客流量。 ② 新建客房 不同的客房类型，面积要求也不一样； 客房需满足相应的配套设施并安装完成方可迎客。 ③ 房屋配套设施 只为客房安装配套设施； 配置设施的需求量为当前楼层所有客房的需求量
相关建设	① 对酒店进行相关建设可增加客流量； ② 购买所需设施，并安装； ③ 投资建设完成后方可使用
房价定位	① 对不同类型的客户设置入住价格； ② 价位有一定的区间
营业时间	制定营业时间
进入	观看当前酒店建设的房间
迎客	① 周期可迎客 6 次； ② 迎客将产生损耗，损耗费用在迎客时系统自动从迎客收入扣除

7.3　经营运作流程

经营运作流程规则包括建设期和营业期 2 种。

7.3.1　建设期

建设期的规则包括缴纳税费，购买能源，购买固定资产，启用仓库，新建酒店，人力资源管理，建设酒店、规划酒店及装修酒店，查看酒店房屋配置设施，购买酒店房屋配置设施，卸货，查看货物和安装设施 12 种。

（1）缴纳税费

操作：进入"政府"界面，选择"费用缴纳"选项，选择要缴纳费用的选项，单击"缴费"按钮，如图 7-6 所示。

选择酒店类型、缴纳税费、购买能源、购买固定资产、启用仓库操作演示

图 7-6

（2）购买能源

操作一：购买水、电能源，如图 7-7 所示。

图 7-7

操作二：对出现的污染，交付相应污染治理费，如图 7-8 所示。

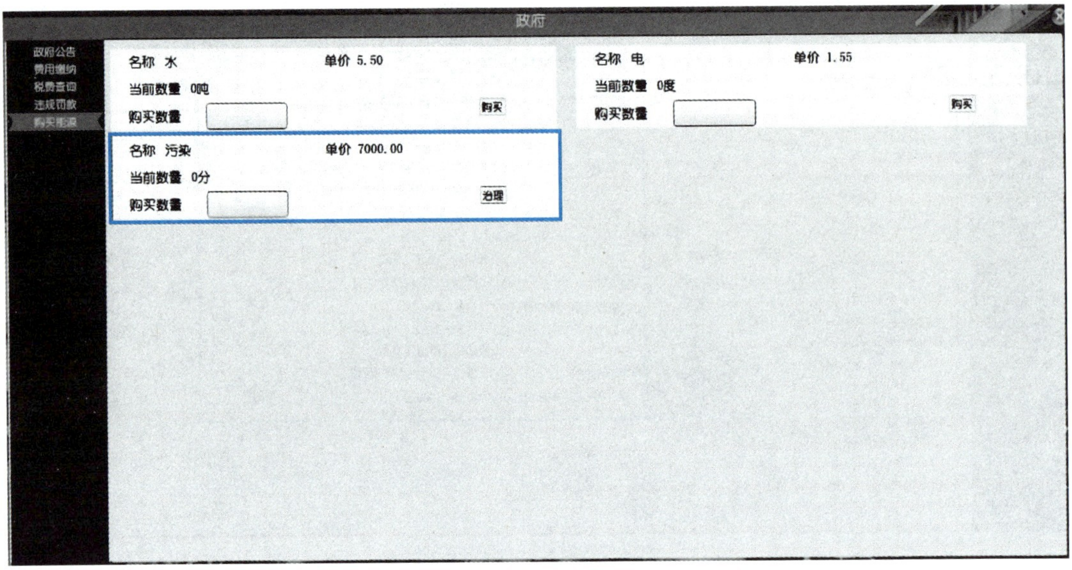

图 7-8

（3）购买固定资产

操作一：进入"中介"界面，选择"房产交易中心"选项。

操作二：选择发布源、城市与类型，单击"确定"按钮，出现仓库信息界面，选择需要购买的仓库，并单击"购买"按钮，如图 7-9 所示。

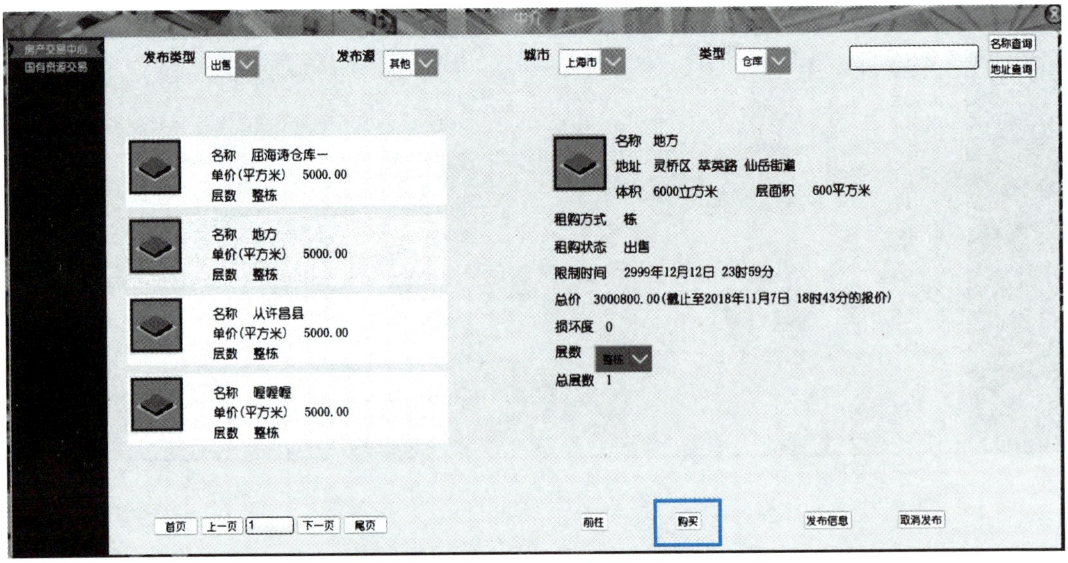

图 7-9

第 7 章 住宿和餐饮业酒店公司经营流程

操作三：重复操作二，购买酒店。

（4）启用仓库

操作一：进入"固定资产管理"界面，查看固定资产信息。

操作二：选择"仓库"选项，单击"启用"按钮（仓库需启用后才可使用），如图 7-10 所示。

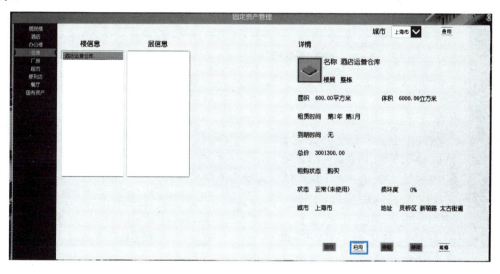

图 7-10

（5）新建酒店

操作一：进入"运营"界面，选择"我的酒店"选项，单击"新建酒店"按钮，确定好相关信息后，单击"确定"按钮，完成酒店新建操作，如图 7-11 所示。

新建酒店、投资与研发、人力资源管理操作演示

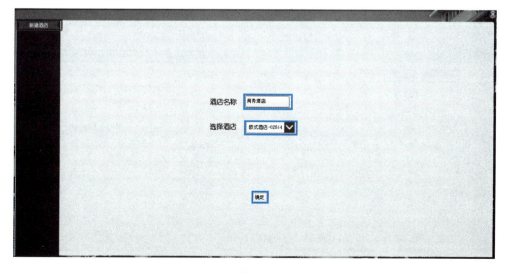

图 7-11

（6）人力资源管理

操作一：进入"人力资源管理"界面，选择"人力需求"选项。

操作二：单击公司，查看公司岗位需求，如图7-12所示。

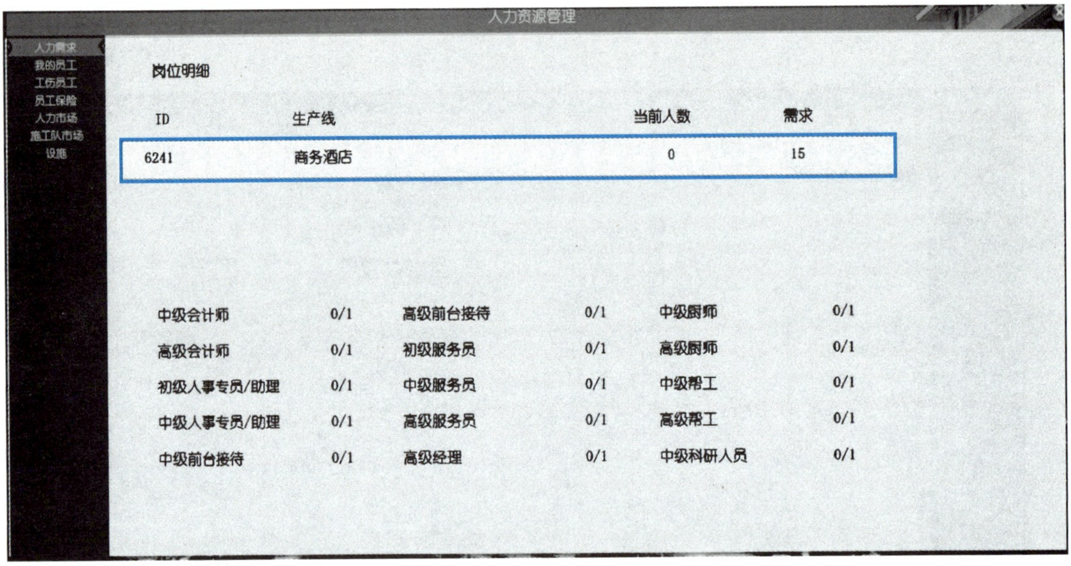

图 7-12

操作三：选择"人力市场"选项，单击"刷新"按钮。

操作四：根据人力需求，查找并招聘员工，如图7-13所示。员工要与人力需求的工种、人数、级别匹配一致，若人数不够或工种级别不对，则会导致公司无法正常运行。

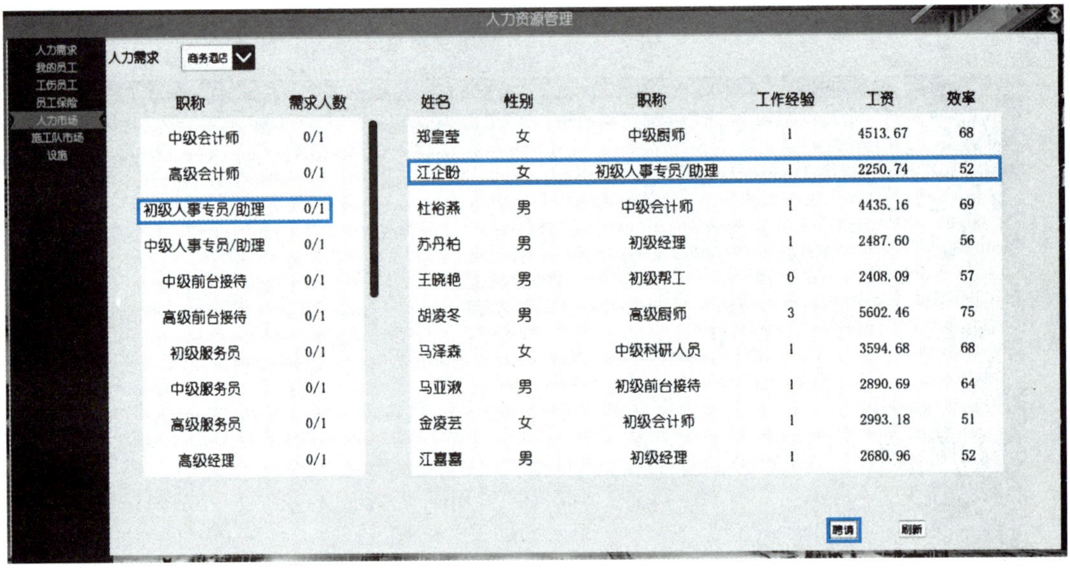

图 7-13

操作五：选择"我的员工"选项，选择员工，单击"发放全部工资"按钮（每运行下一个月前需将员工工资发放完成才可进入下一个月），如图7-14所示。

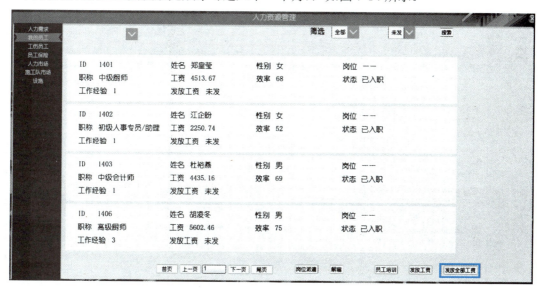

图 7-14

操作六：单击"运行下一个月"按钮。

重复人力管理—工资发放操作，并继续酒店的建设、装修使其均为完成状态。

（7）建设酒店、规划酒店及装修酒店

① 建设阶段。

操作一：选择"施工队市场"选项，选择合适的"建设类施工队"，单击"聘请"按钮，如图7-15所示。

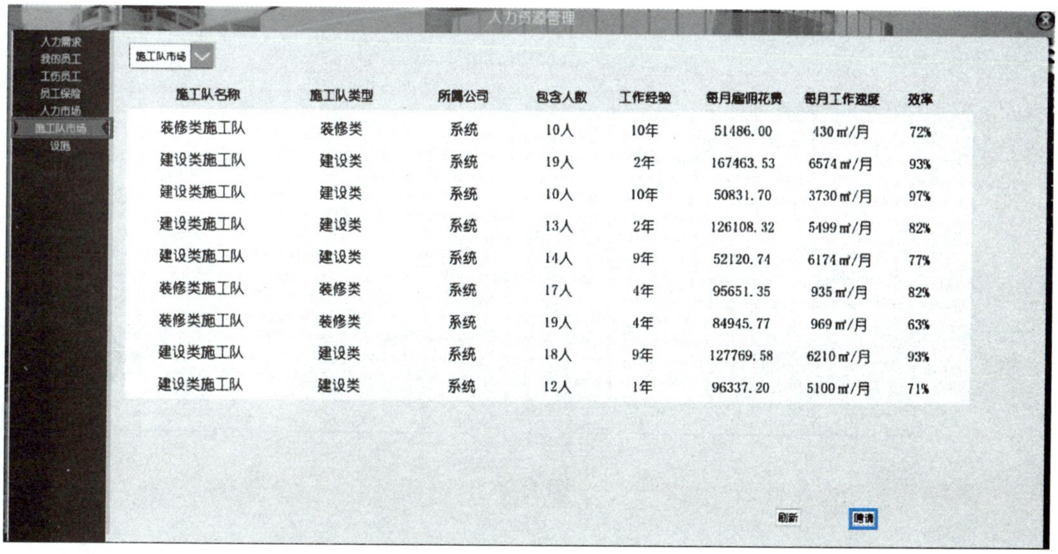

图 7-15

操作二：建设类施工队招聘完成后，选择"商务酒店"选项，单击"配置施工队"按钮，如图7-16所示。

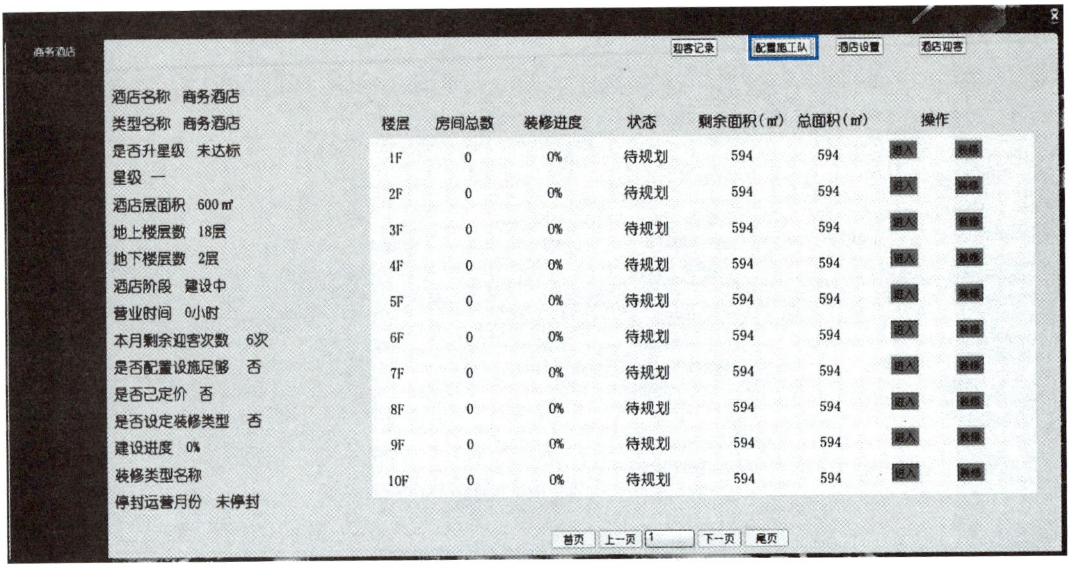

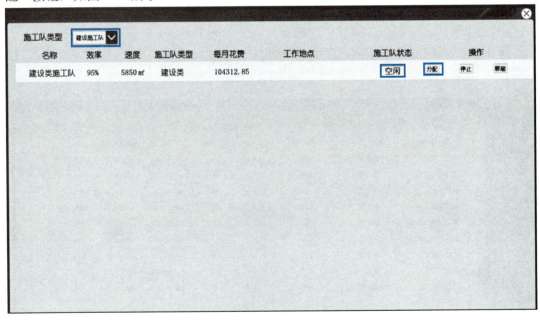

图 7-16

在等待配置的施工队中选中"建设施工队"，选择为空闲状态的建设类施工队，单击"分配"按钮，如图7-17所示。

图 7-17

第 7 章 住宿和餐饮业酒店公司经营流程

在弹出的提示框中选择要建设的酒店，单击"确认"按钮，如图 7-18 所示。

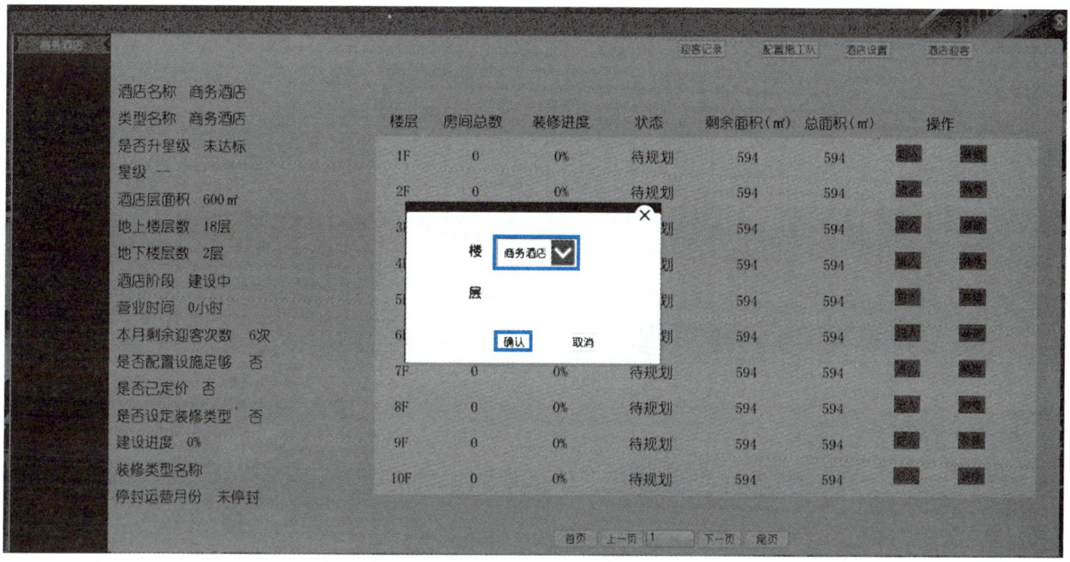

图 7-18

操作三：建设类施工队分配完成后，单击"投资设置"按钮进行投资。

第一步：在"资金"后面输入投资的钱，单击"投资"按钮（投资金额最少是招聘的建设类施工队价钱的 30%），如图 7-19 所示。

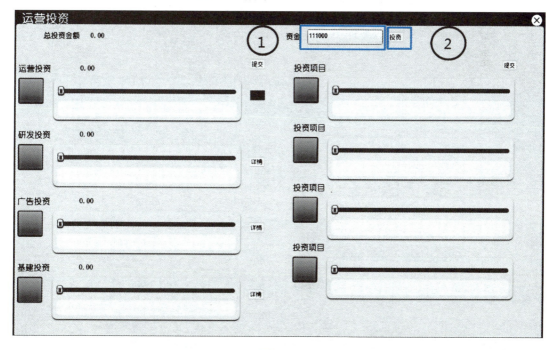

图 7-19

虚拟商业经营实践基础教程

第二步：将"基建投资"滚动条拉到最右边，单击"提交"按钮，如图 7-20 所示。

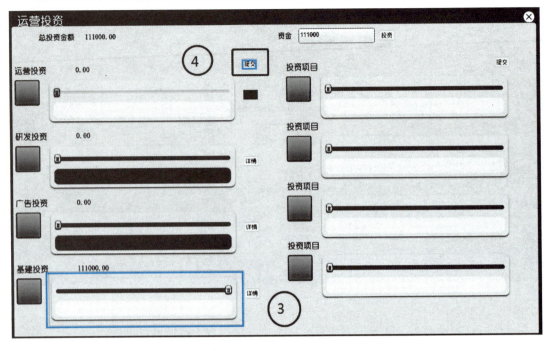

图 7-20

在弹出的"投资金额已确认"提示框中单击"确定"按钮，如图 7-21 所示。

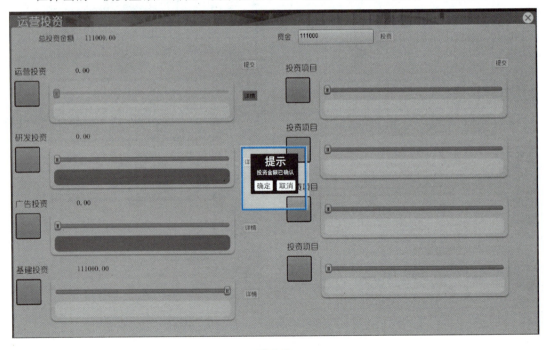

图 7-21

第 7 章　住宿和餐饮业酒店公司经营流程

第三步：单击"详情"按钮，如图 7-22 所示。

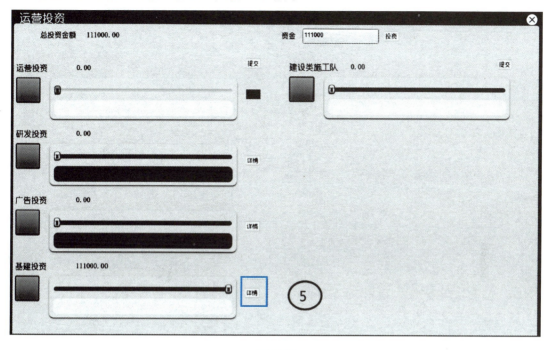

图 7-22

第四步：把"建设类施工队"滚动条拉到最右边，单击"提交"按钮，如图 7-23 所示。

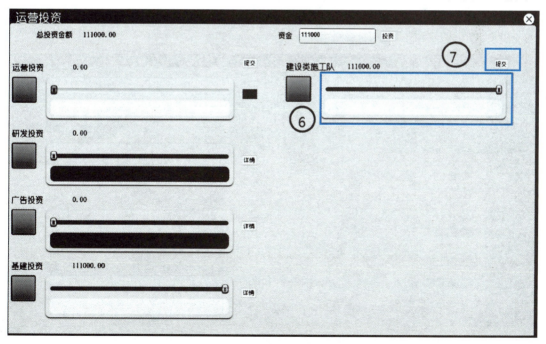

图 7-23

虚拟商业经营实践基础教程

在弹出的"投资信息已确认"提示框中单击"确定"按钮，如图 7-24 所示。

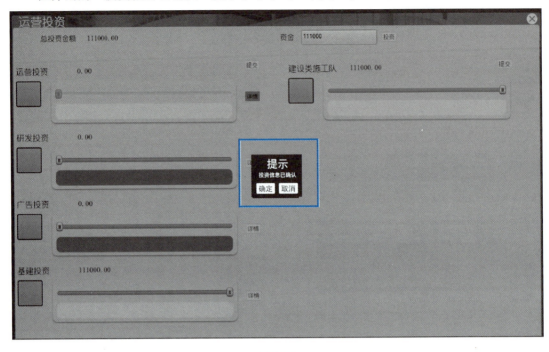

图 7-24

发放员工工资，并单击"运行下一月"按钮查看建设进度。若建设进度是 100%，则投资完成；若建设进度小于 100%，则继续重复上述第一到第四步的步骤进行投资，直到进度为 100%，如图 7-25 所示。

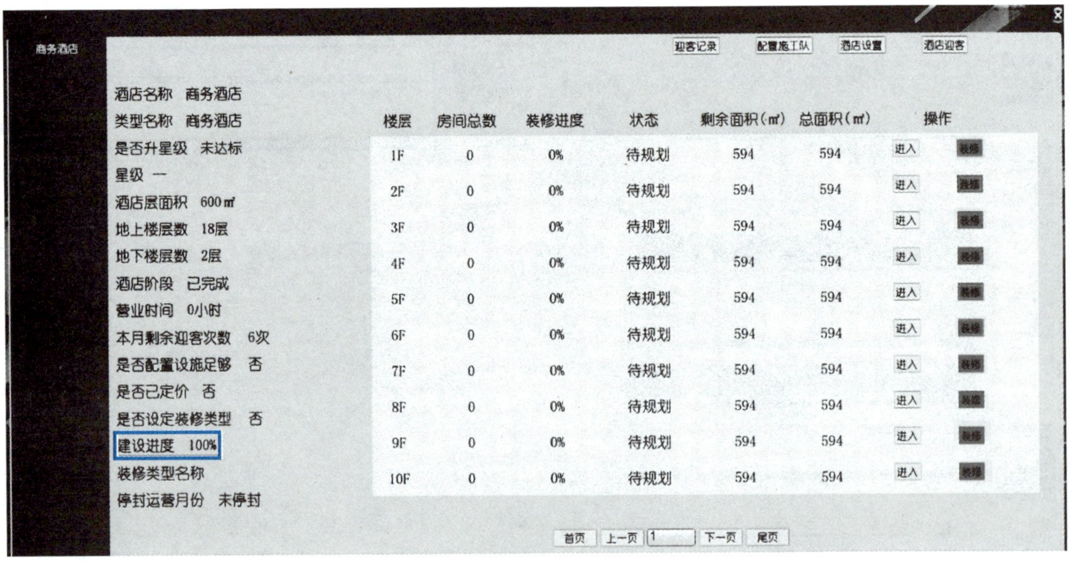

图 7-25

② 规划阶段。

操作一：选择"商务酒店"选项，单击"进入"按钮，如图7-26所示。

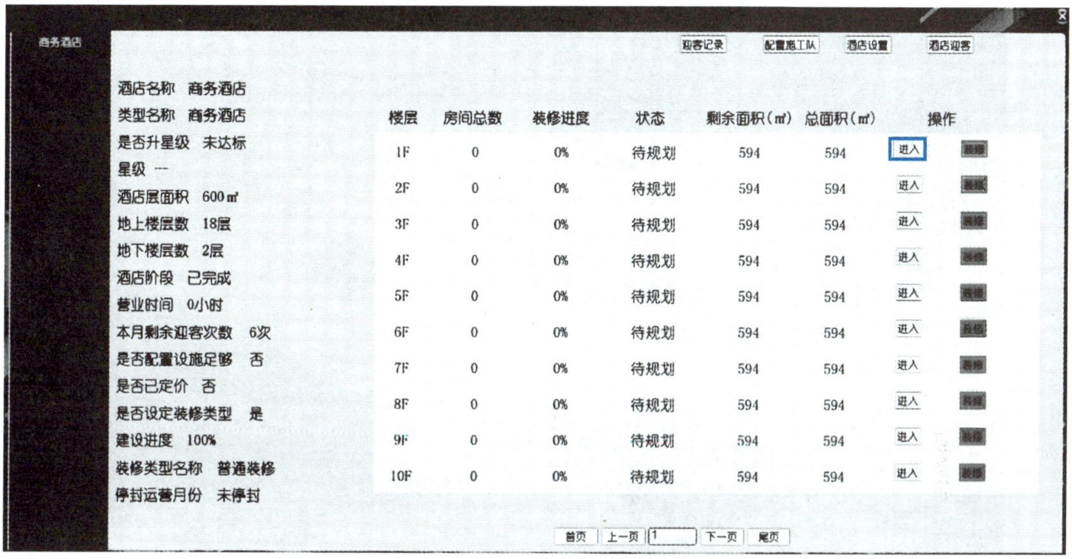

图 7-26

操作二：选择建筑物，在建筑物中选择需要的酒店房间设施规划摆放（酒店一楼须安装酒店前厅），如图7-27所示。

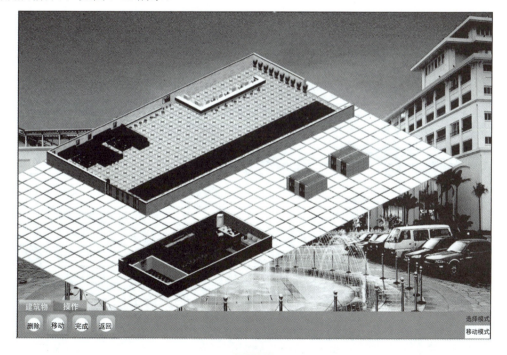

图 7-27

操作三：移动酒店设施，单击"移动"按钮，移动酒店设施，如图 7-28 所示。

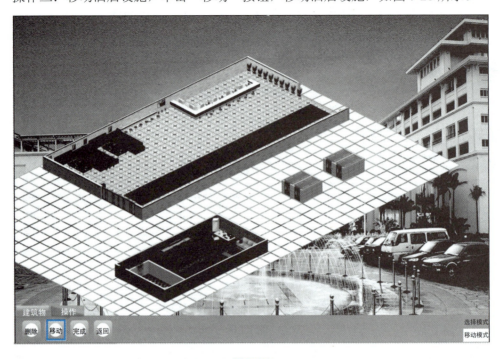

图 7-28

操作四：删除酒店设施，单击"删除"按钮，删除要删除的酒店设施，如图 7-29 所示。

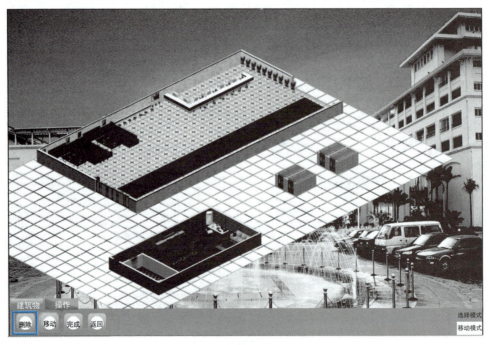

图 7-29

操作五：选择模式和移动模式可切换，如图 7-30 所示。

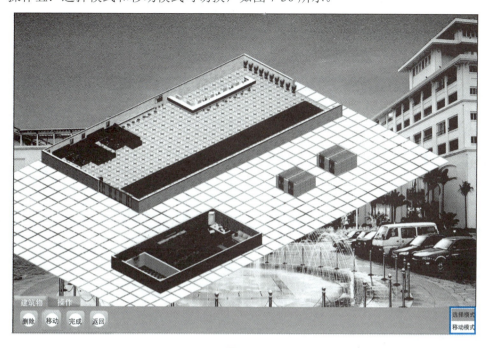

图 7-30

操作六：设施摆放完成后，单击"完成"按钮结束设施摆放（移动、删除操作都是在未结束摆放设施阶段可操作），如图 7-31 所示。

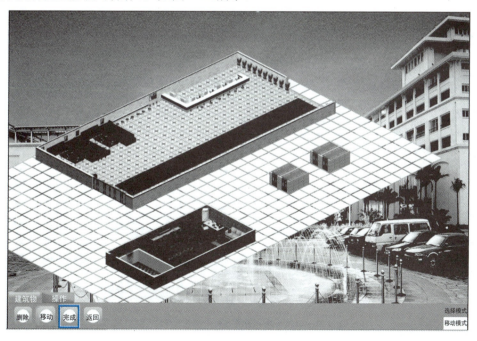

图 7-31

操作七：重复以上规划操作使其均完成规划。

③ 装修阶段。

操作一：选择"施工队市场"选项，选择合适的"装修类施工队"，单击"聘请"按钮，如图 7-32 所示。

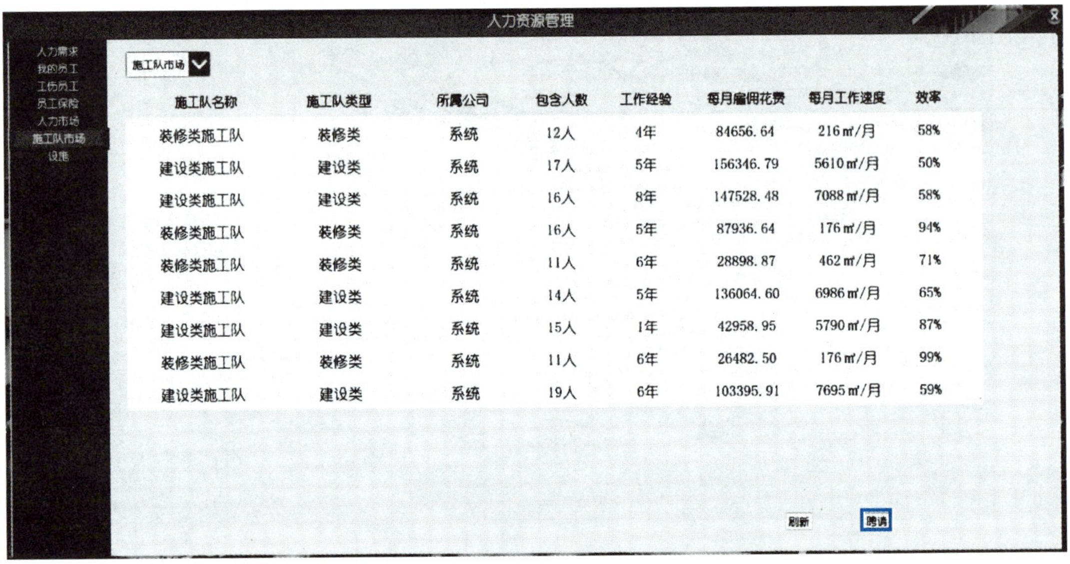

图 7-32

操作二："装修施工队"招聘完成后，进入酒店界面，单击"酒店设置"按钮，如图 7-33 所示。

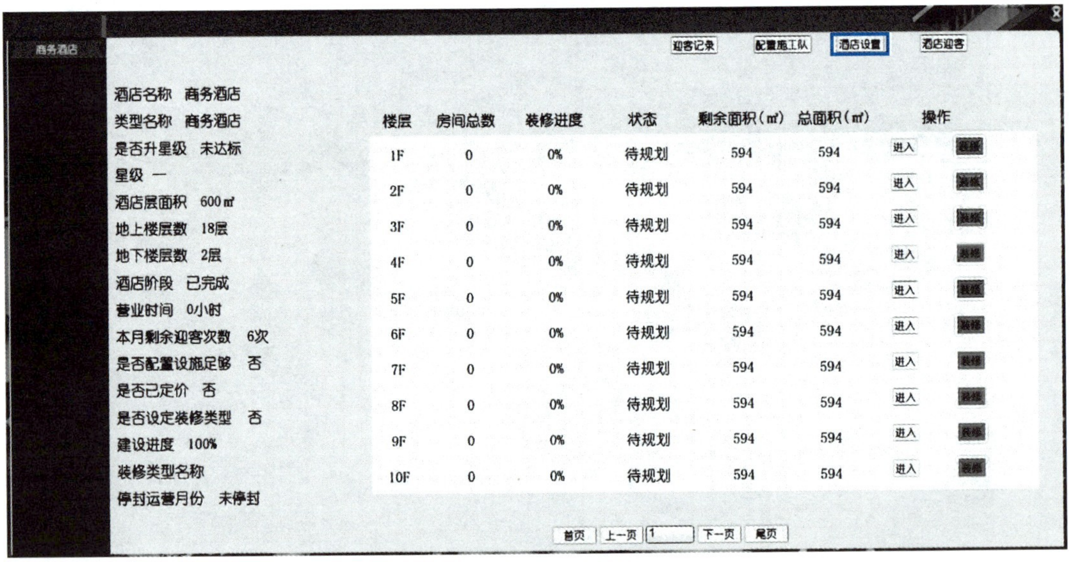

图 7-33

选择"装修级别"选项,单击"确认"按钮,如图 7-34 所示。

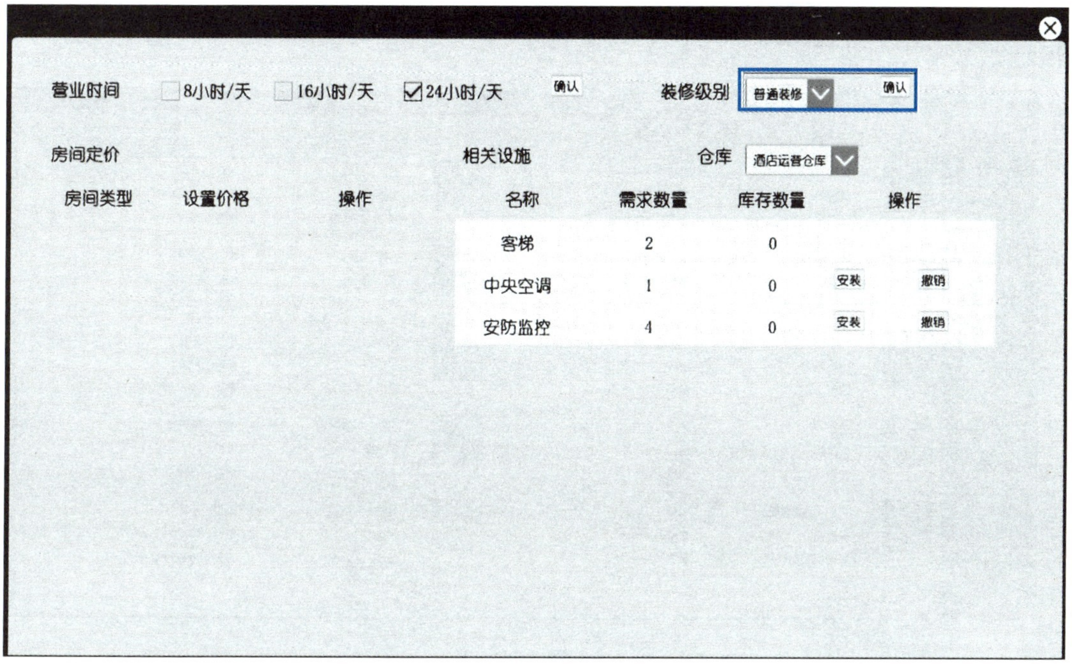

图 7-34

操作三:单击"装修"按钮,弹出如图 7-35 所示的界面,按照"装修材料"需求在交易中心中购买装修材料。

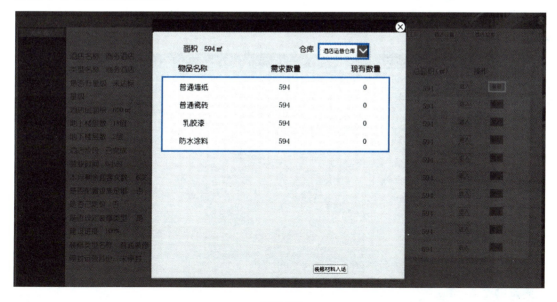

图 7-35

操作四：进入"交易中心"界面，选择"自由贸易区"选项。

操作五：选择物品城市、种类，或输入查找的物品名称，单击"确定"按钮，如图7-36所示。

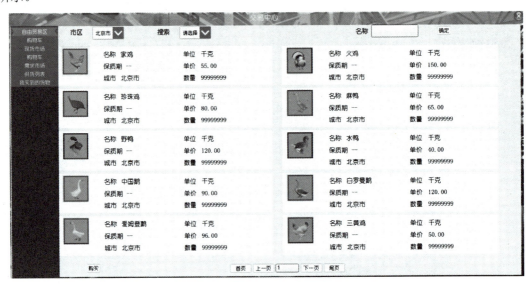

图 7-36

操作六：选择所需要的物品，单击"购买"按钮，如图7-37所示。

操作七：重复操作以上步骤，购买所有物品。

操作八：在"自由贸易区-购物车"选项中输入数量，选择收货仓库，如图7-38所示。

操作九：选择"货运方式"，单击"确认"按钮，选中物流公司，单击"确认"按钮，如图7-39所示。

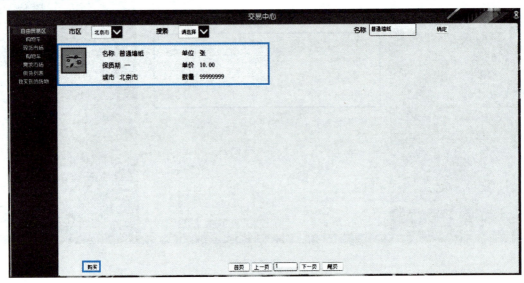

图 7-37

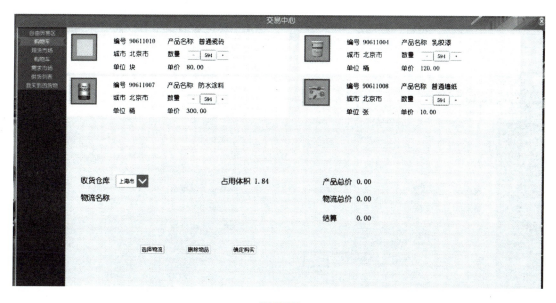

图 7-38

图 7-39

操作十：查看交易金额，单击"确定购买"按钮，如图 7-40 所示。

图 7-40

操作十一：卸货

第一步：进入"物流中心"界面，选择"订单管理"选项。

第二步：查看待收货的订单，确定要卸货的订单，单击"卸货"按钮，如图 7-41 所示。

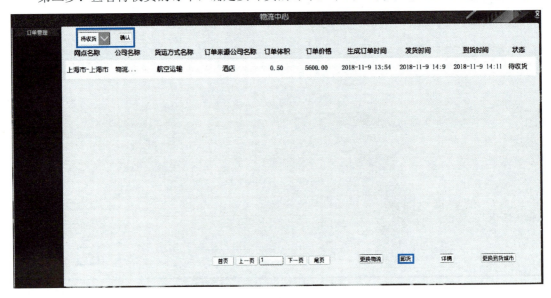

图 7-41

操作十二：进入"仓库"界面，选择"酒店运营仓库"选项，选择存放的仓库，查看仓库库存信息，如图 7-42 所示。

第 7 章　住宿和餐饮业酒店公司经营流程

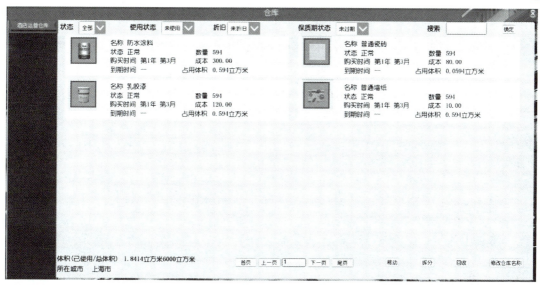

图 7-42

操作十三：装修超市。

第一步：单击"装修"按钮。

第二步：去"交易中心"购买装修材料。

第三步：购买材料完成后，单击"装修"按钮，在弹出的界面单击"装修材料入场"按钮，如图 7-43 所示。

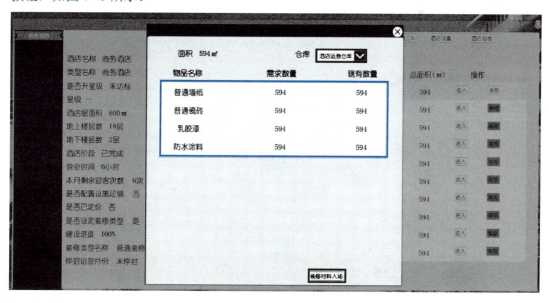

图 7-43

在弹出的"材料入场提示"提示框中单击"确定"按钮,如图 7-44 所示。

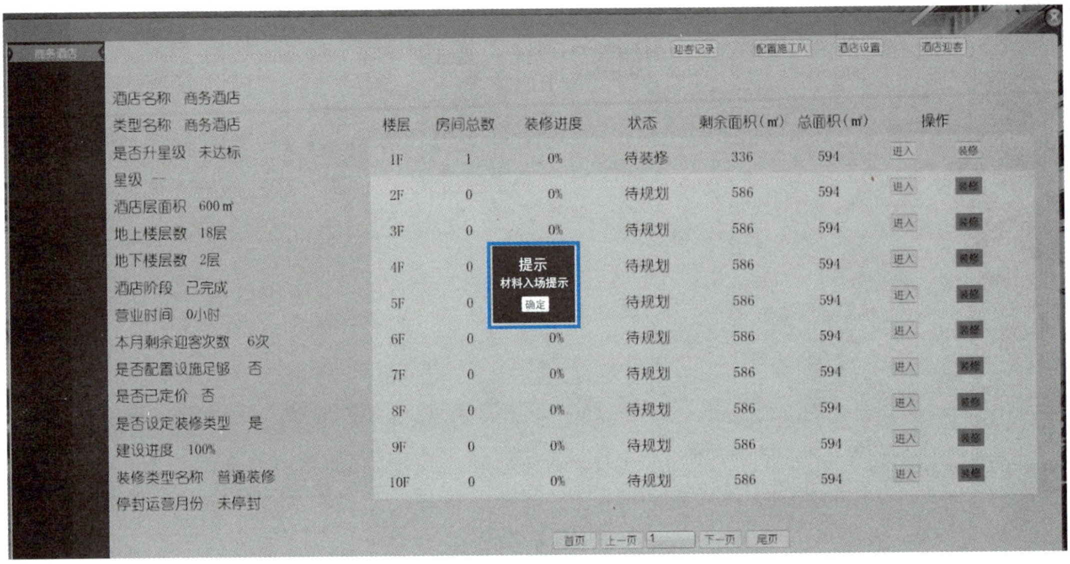

图 7-44

第四步:确认材料完成后,选择施工队类型为"装修施工队"且"分配"状态为空闲的施工队,单击"分配"按钮,如图 7-45 所示。

图 7-45

第 7 章 住宿和餐饮业酒店公司经营流程

选择需要装修的酒店及楼层，单击"确认"按钮，如图 7-46 所示。（切记一定是先将装修材料入场后才分配装修施工队）

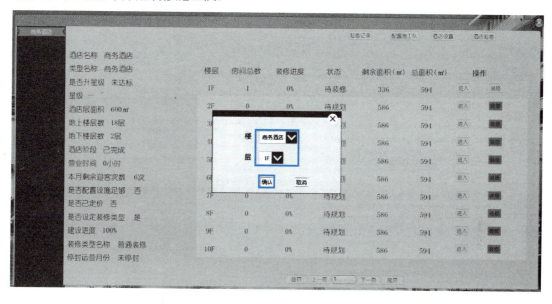

图 7-46

操作十四：装修施工队分配完成后，进入"投资设置"进行投资。

第一步：在"资金"后面输入投资的钱，单击"投资"按钮（投资金额最少是装修施工队价钱的 30%），如图 7-47 所示。

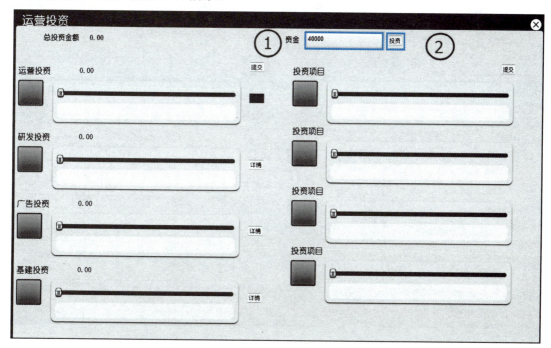

图 7-47

虚拟商业经营实践基础教程

第二步：将"基建投资"滚动条拉到最右边，单击"提交"按钮，如图 7-48 所示。

图 7-48

在弹出的"投资金额已确认"提示框中单击"确定"按钮，如图 7-49 所示。

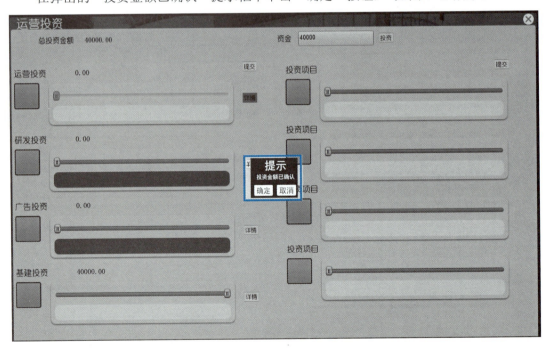

图 7-49

第 7 章 住宿和餐饮业酒店公司经营流程

第三步：单击"详情"按钮，如图 7-50 所示。

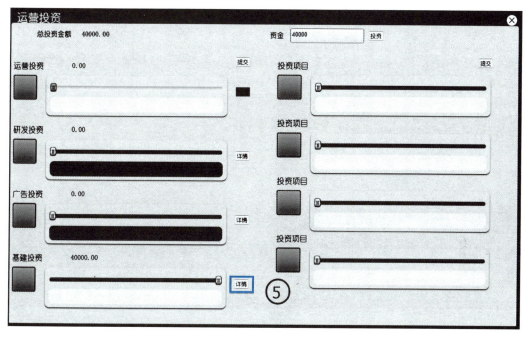

图 7-50

第四步：将"装修类施工队"滚动条（见图 7-51）拉到最右边，单击"提交"按钮。在弹出的"投资信息已确认"提示框中，单击"确定"按钮，如图 7-52 所示。

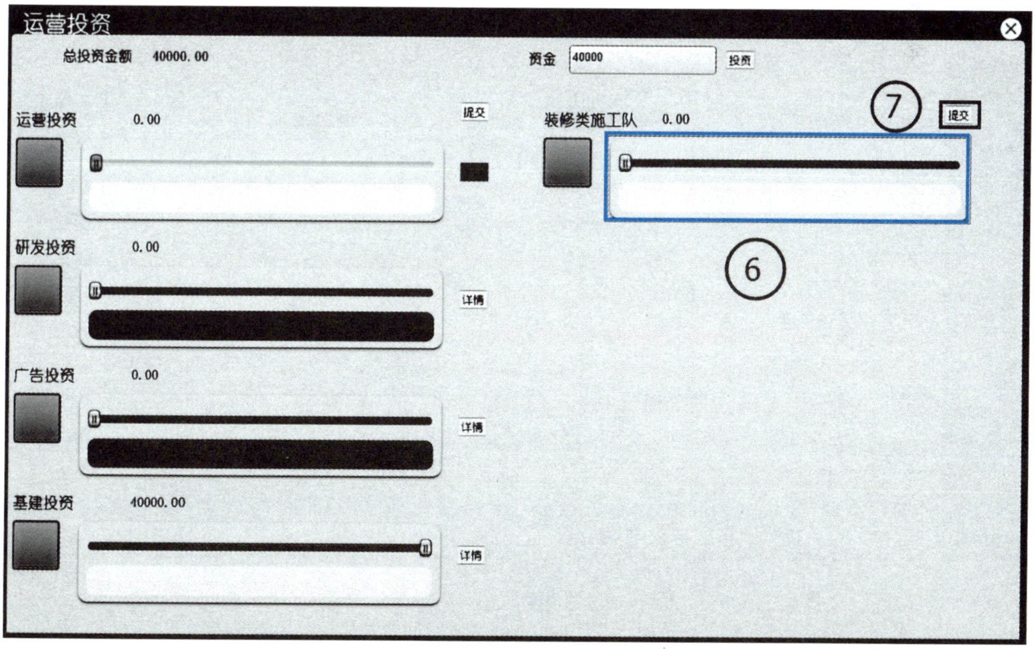

图 7-51

虚拟商业经营实践基础教程

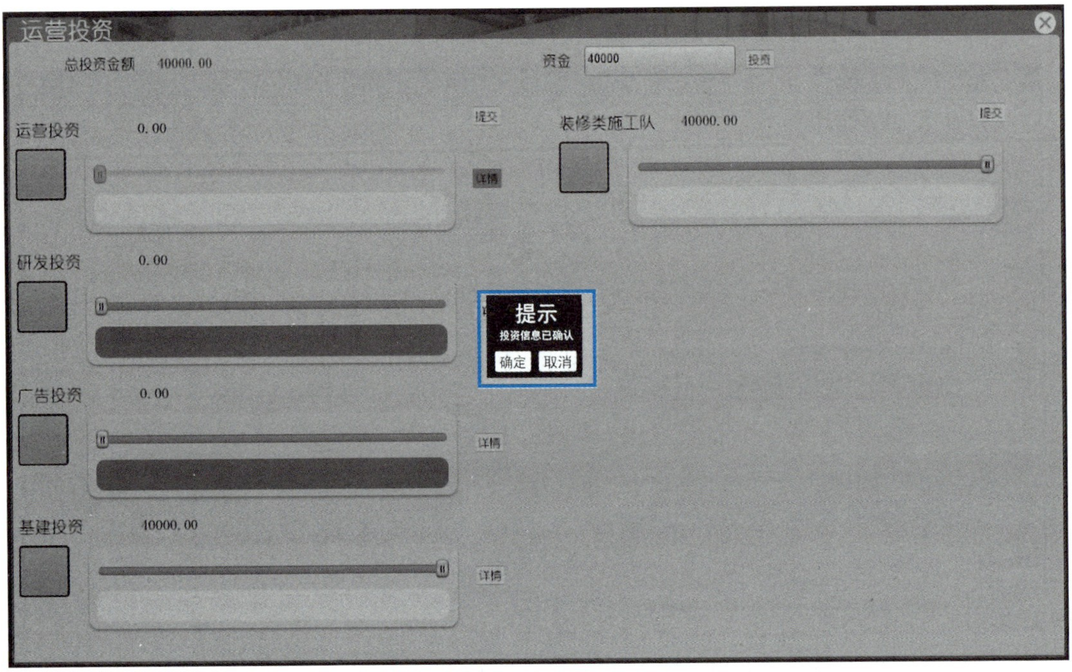

图 7-52

发放员工工资，并单击"运行下一月"按钮，查看建设进度。若装修进度是100%，则投资完成；若装修进度小于100%，则继续重复上述第一到第四步的步骤进行投资，直到进度为100%，如图7-51～图7-53所示。

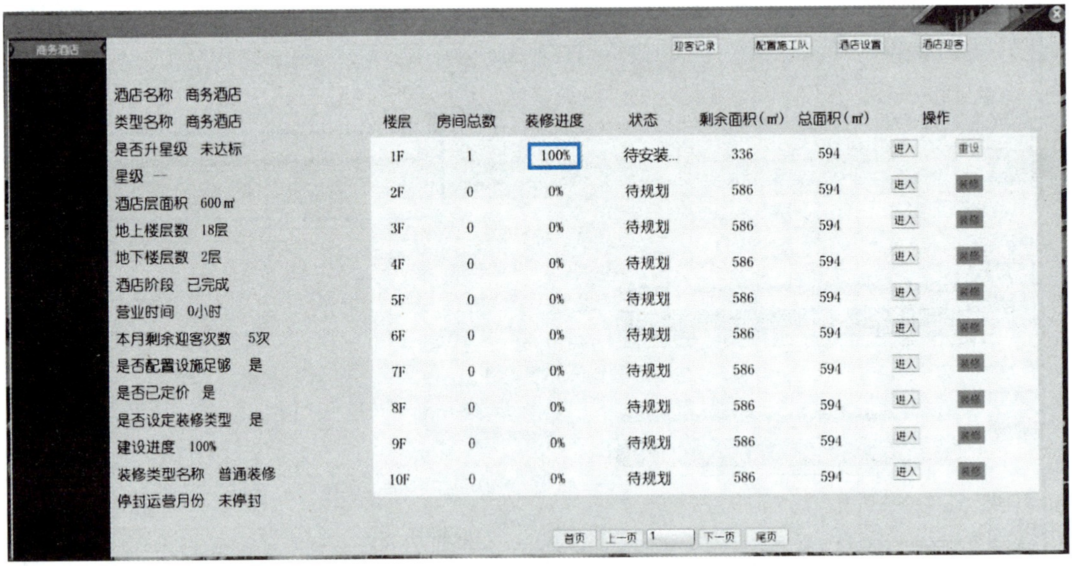

图 7-53

操作十五：重复上述操作，装修剩余酒店楼层。

（8）查看酒店房屋配置设施

操作：进入酒店，在"操作"选项卡中单击"配置"按钮，查看各类型的设施需求，如图7-54所示。

图 7-54

（9）购买酒店房屋配置设施

操作一：进入"交易中心"界面，选择"自由贸易区"选项。

操作二：选择物品城市、种类，或输入查找的物品名称，单击"确定"按钮，如图7-55所示。

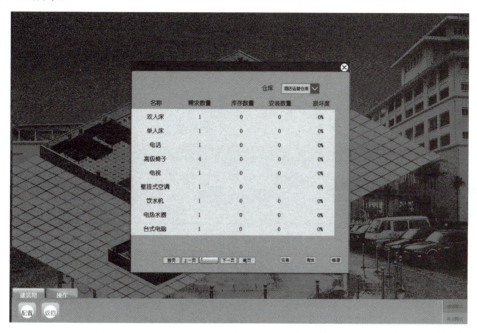

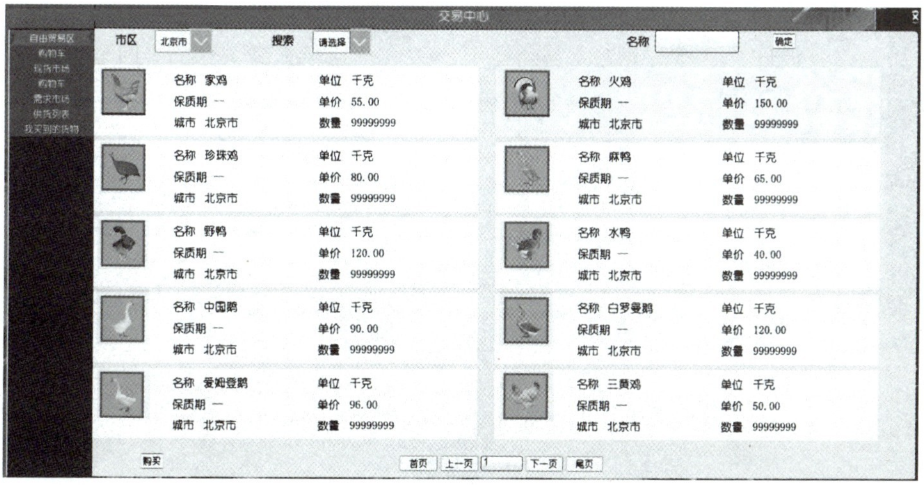

图 7-55

操作三：选择所需要的物品，单击"购买"按钮，如图7-56所示。

图 7-56

操作四：重复操作三步骤，购买所有物品。

操作五：选择"自由贸易区-购物车"选项，输入数量，选择"收货仓库"，如图 7-57 所示。

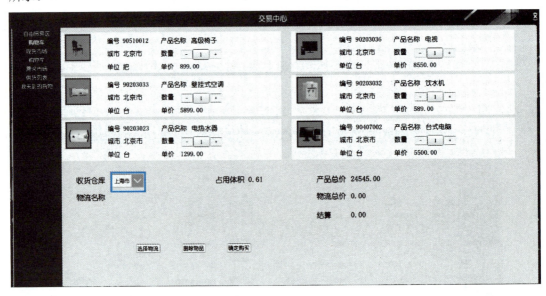

图 7-57

操作六：选择"货运方式"，单击"确认"按钮，选中物流公司，单击"确认"按钮，如图 7-58 所示。

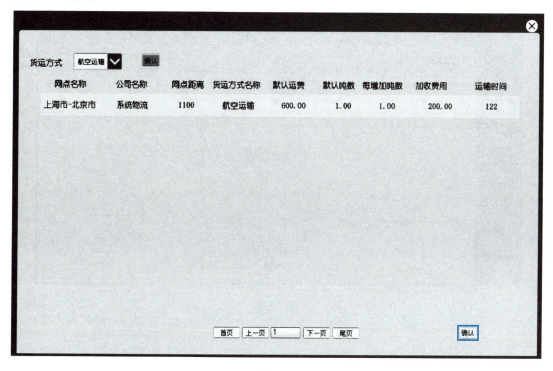

图 7-58

操作七：查看交易金额，并单击"确定购买"按钮，如图 7-59 所示。

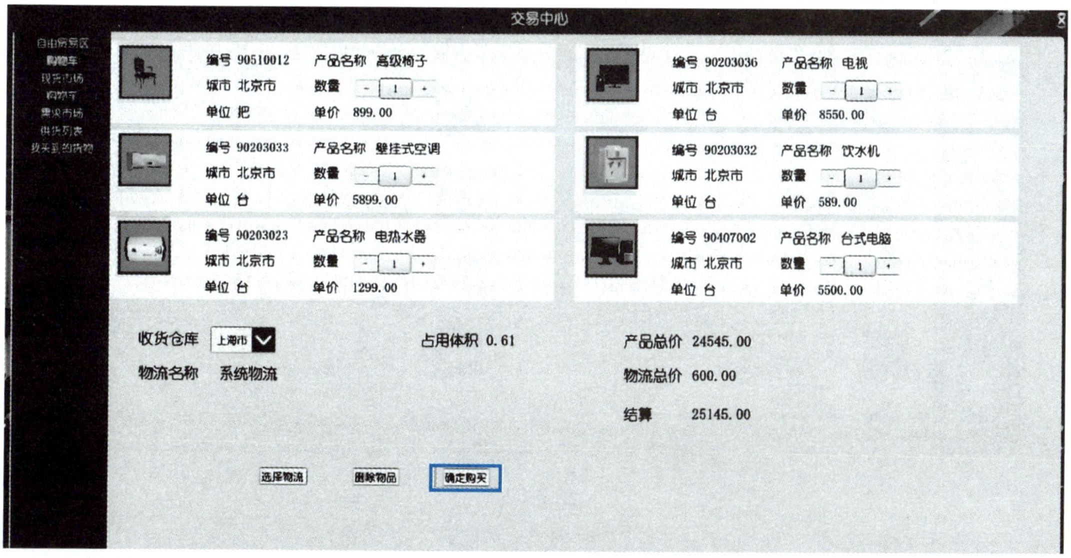

图 7-59

（10）卸货

操作一：进入"物流中心"界面，选择"订单管理"选项。

操作二：查看待收货的订单，确定要卸货的订单，单击"卸货"按钮，如图 7-60 所示。

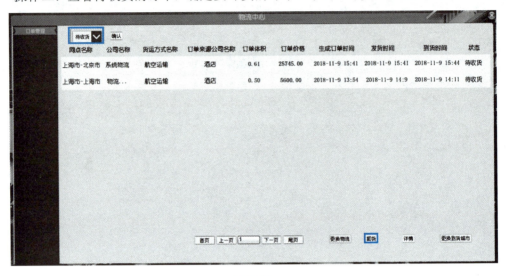

图 7-60

（11）查看货物

操作：进入"仓库"界面，选择"酒店运营仓库"选项，查看仓库库存信息，如图 7-61 所示。

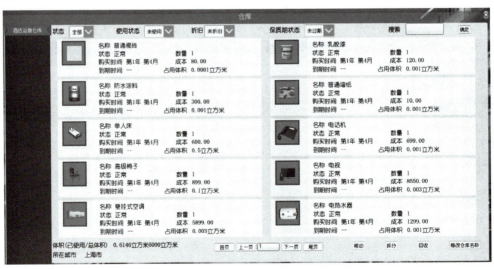

图 7-61

（12）安装设施

操作：进入"运营"界面，选择"我的酒店"选项，单击"房屋配置设施"按钮，选择要安装的设施，单击"安装"按钮，如图 7-62 所示。

第 7 章　住宿和餐饮业酒店公司经营流程

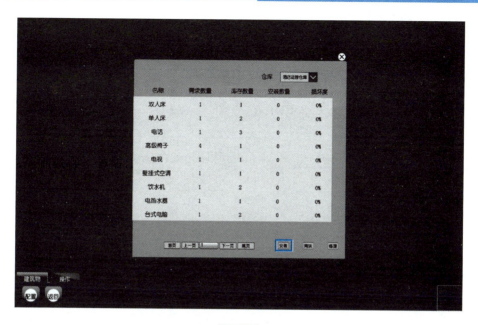

图 7-62

7.3.2　营业期

营业期的规则包括营业设置、增加固定资产和开始迎客 3 种。

（1）营业设置

操作一：进入"运营"界面，选择"我的酒店"选项，单击"营业时间"按钮，设置营业时间，如图 7-63 所示。

营业设置、宣传推广、购买固定资产、开始迎客操作演示

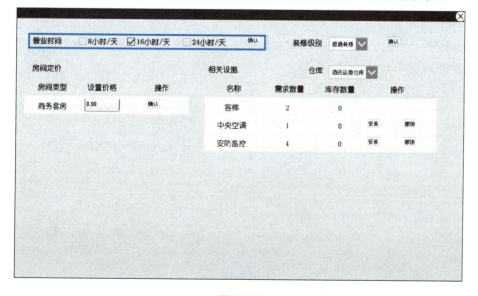

图 7-63

操作二：进入"运营"界面，选择"我的酒店"选项，单击"房间定位"按钮，如图 7-64 所示。

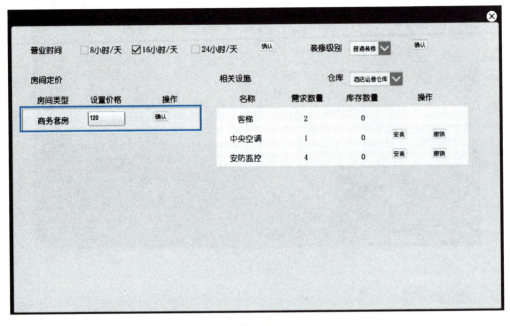

图 7-64

操作三：选择"仓库"，单击要安装的设施对应的"安装"按钮（相关屋舍在交易中心中购买），如图 7-65 所示。

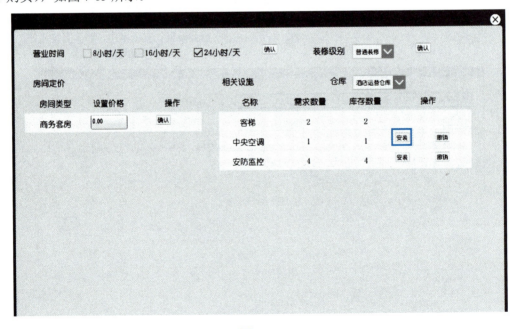

图 7-65

第 7 章　住宿和餐饮业酒店公司经营流程

（2）增加固定资产

操作一：进入"中介"界面，选择"房产交易中心"选项。

操作二：选择城市与分类，单击"确定"按钮，出现居民楼信息界面，选择需要购买的居民楼，单击"购买"按钮，如图 7-66 所示。

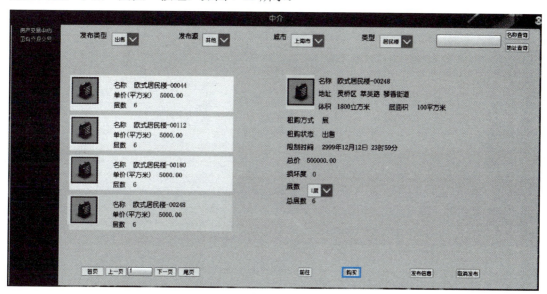

图 7-66

操作三：进入"固定资产管理"界面，选择"居民楼"选项，选择入住的楼信息，单击"入住"按钮，如图 7-67 所示。

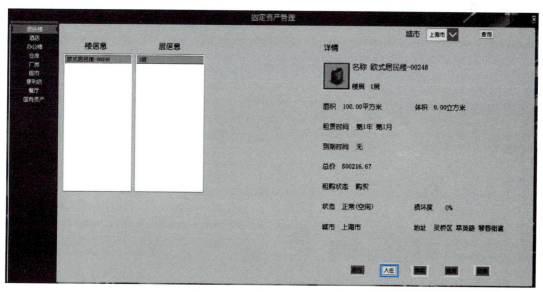

图 7-67

操作四：选择"公办楼"选项，选择入住的楼信息，单击"入住"按钮，如图7-68所示。

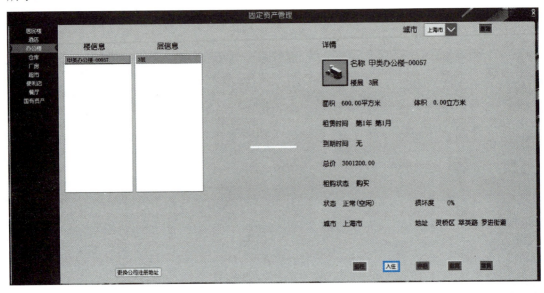

图 7-68

（3）开始迎客

操作一：进入"运营"界面，选择"我的酒店"选项，单击"酒店迎客"按钮，查看迎客记录，如图7-69所示。

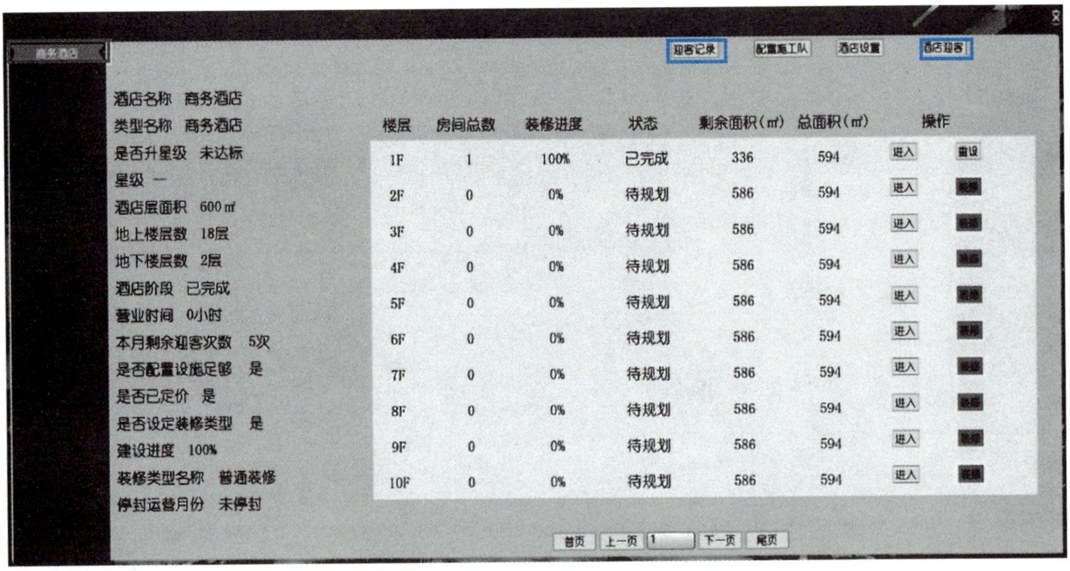

图 7-69

第7章 住宿和餐饮业酒店公司经营流程

操作二：选择年份、月份、迎客批次，单击"查询"按钮查看迎客记录，如图7-70所示。

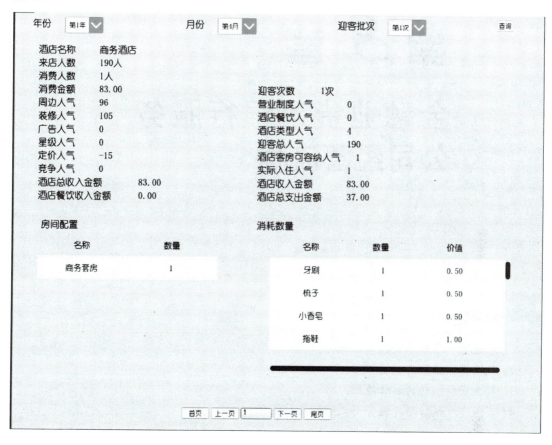

图 7-70

本章小结

本章主要讲解了住宿和餐饮业酒店创建公司、建设前期的运营规则、建设期的准备工作及运营期的运营工作。使学生对住宿和餐饮业酒店公司有一个初步的认识，对住宿和餐饮业酒店公司的经营工作有个大致的了解。

复习思考题

1. 星级酒店如何升星？
2. 如何避免酒店被停封？
3. 本系统有几种酒店？
4. 酒店每月迎客次数是多少？
5. 酒店出现非法定价会受到什么处罚？

第 8 章 金融业货币银行服务公司经营流程

1. 掌握货币银行建设的基本流程。
2. 掌握货币银行的放贷流程。
3. 掌握货币银行的运营规则。
4. 掌握货币银行与其他公司之间的交易流程。

详细准确地完成货币银行的建设、放贷、运营及与其他公司交易的工作流程。

8.1 公司主界面介绍

（1）进入银行企业主界面，显示正下方的 13 个图标为公共功能按钮，从左到右分别为"政府""地图""股票""银行""保险""财务""仓库""固定资产管理""交易中心""人力资源管理""物流中心""中介""运营"，如图 8-1 所示。

第 8 章 金融业货币银行服务公司经营流程

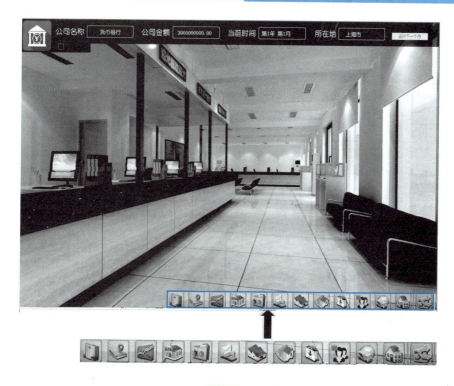

图 8-1

（2）进入主界面，单击"运营"按钮可进入公司运营操作界面，位置如图 8-2 所示。

图 8-2

（3）主界面左上角显示公司 logo、公司名称、公司金额等基本信息，位置如图 8-3 所示。

图 8-3

（4）单击主界面右上角"运行下一个月"按钮，可运营至下一个月，位置如图 8-4 所示。

图 8-4

（5）单击主界面左上角"多选模式"复选框，可进行多个选择，位置如图 8-5 所示。

图 8-5

8.2 公司运营规则

公司运营规则包括银行管理和贷款管理 2 种。
注意：银行公司不可进行存贷。

8.2.1 银行管理

银行管理规则包括利率设置、储户管理和储户存款 3 种（见表 8-1）。

表 8-1 银行管理规则

类　别	规　则
利率设置	① 利率设置为百分比； ② 存款分为一年短期存款、两至五年长期存款； ③ 设置利率时需要约定存款时间； ④ 存款利率每月可做调整
储户管理	① 储户管理只能查看储户状态； ② 不可对储户做处理
储户存款	① 对存款账户需要支付利息； ② 支付利息比例按照设定的利率支付； ③ 利率标准以存款当月节点利率为准； ④ 不支付储户利息收入，储户可以追债

8.2.2 贷款管理

贷款管理规则包括贷款设置和储户贷款 2 种（见表 8-2）。

表 8-2 贷款管理规则

类 别	规 则
贷款设置	① 贷款分抵押贷款、信用贷款两种类型； ② 不同类型的贷款都又分为短期一年贷款、长期五年贷款两种贷款方式； ③ 贷款设置利率为百分比比率； ④ 贷款利率设定时需要约定贷款时间； ⑤ 贷款利率每月可做调整
储户贷款	① 对客户申请的贷款项目，可以批准或驳回； ② 在选择批准或者驳回客户贷款申请前，可以查看客户的资产评估，再进行决策； ③ 贷方需每年支付银行贷款利息，到期还款； ④ 贷款利息从贷款当月开始，每年需偿还利息，否则不能继续运营； ⑤ 银行可在约定时间到期时向贷方公司以邮件通知的形式发起追债； ⑥ 对抵押贷款的公司，追债后若未还款，银行将以抵押资产抵债； ⑦ 对信用贷款的公司，追债后若未还款，系统将自动扣除主账户资金，若主账户资金不足，将冻结除个人账户以外的所有账户，直到债务还清。公司不能还清债务，则公司破产； ⑧ 若贷款公司破产，银行贷款将无法追回

8.3 经营运作流程

经营运作流程规则包括建设期和运营期 2 种。

8.3.1 建设期

建设期的规则包括缴纳税费、购买能源、招聘员工、利率设置和贷款设置 5 种。

（1）缴纳税费

操作：进入"政府"界面，选择"费用缴纳"选项，选择要缴纳费用的选项，单击"缴费"按钮，如图 8-6 所示。

（2）购买能源

操作一：购买水、电能源，如图 8-7 所示。

操作二：对出现的污染，交付相应污染治理费，如图 8-8 所示。

费用缴纳、购买能源操作演示

第 8 章　金融业货币银行服务公司经营流程

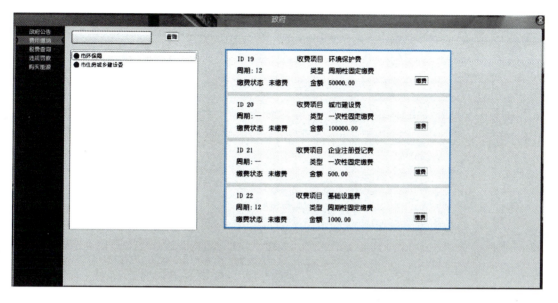

图 8-6

图 8-7

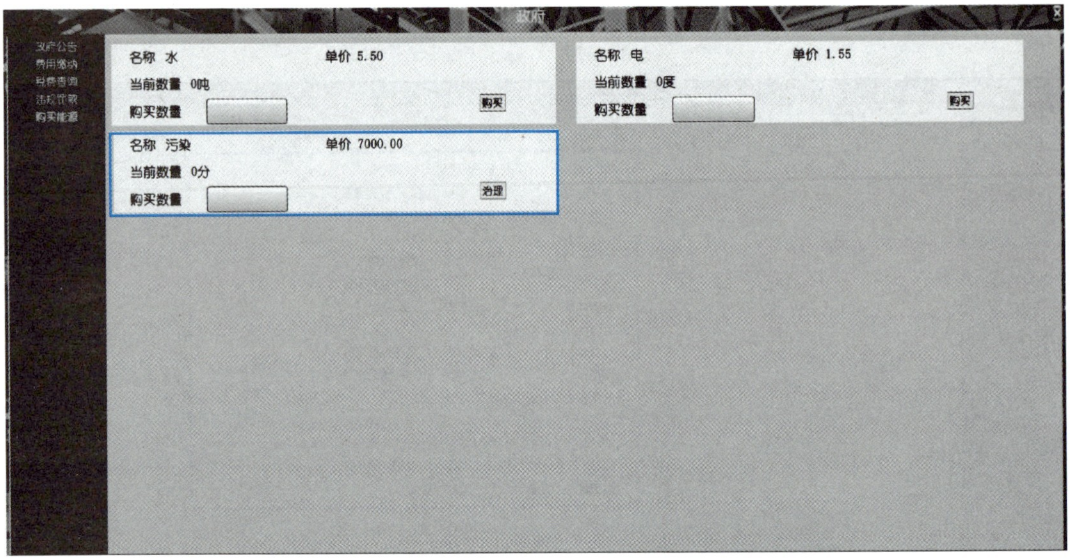

图 8-8

（3）招聘员工

操作一：进入"人力资源管理"界面，选择"人力需求"选项，查看需要的员工，如图 8-9 所示。

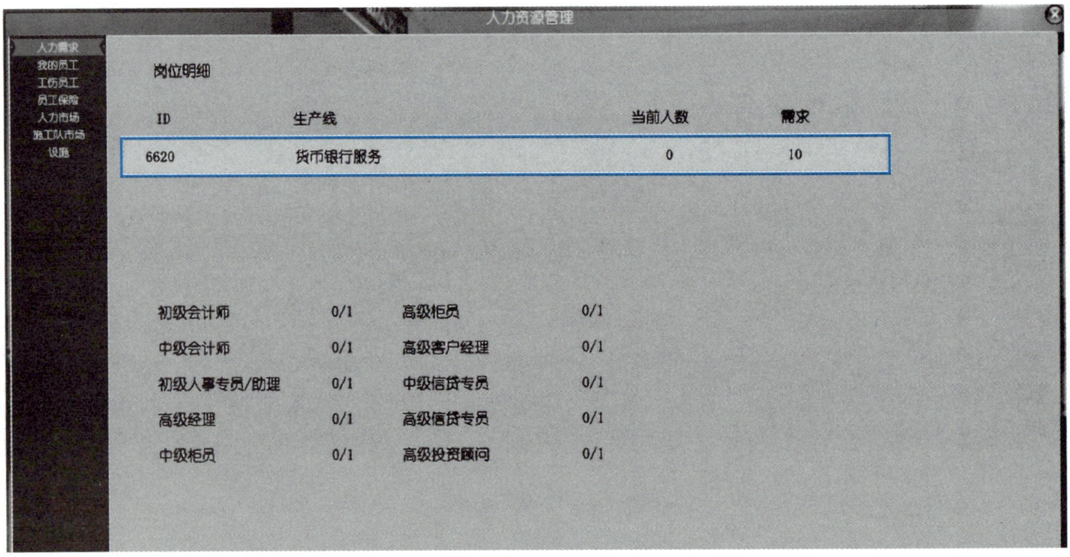

招聘员工操作演示

图 8-9

操作二：选择"人力市场"选项，单击"刷新"按钮（每次刷新需要支付相应的费用），根据人力需求，查找并招聘员工，如图 8-10 所示。

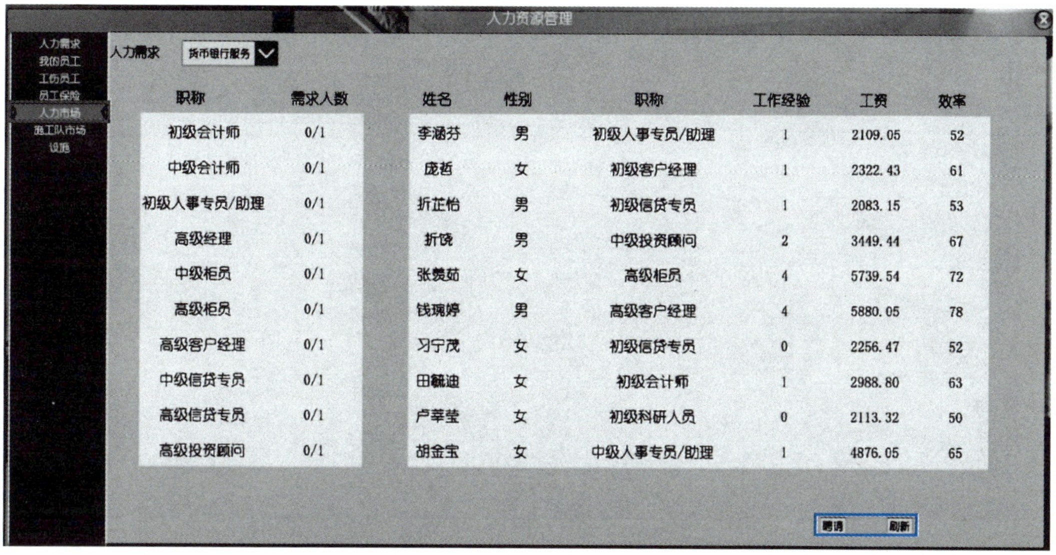

第 8 章 金融业货币银行服务公司经营流程

图 8-10

（4）利率设置

操作：进入"运营"界面，选择"利率设置"选项，在银行管理中进行存款利率设置，同时设置约定的时间，选择"是否启用"复选框，单击"保存"按钮，如图 8-11 所示。

利率设置、贷款设置操作演示

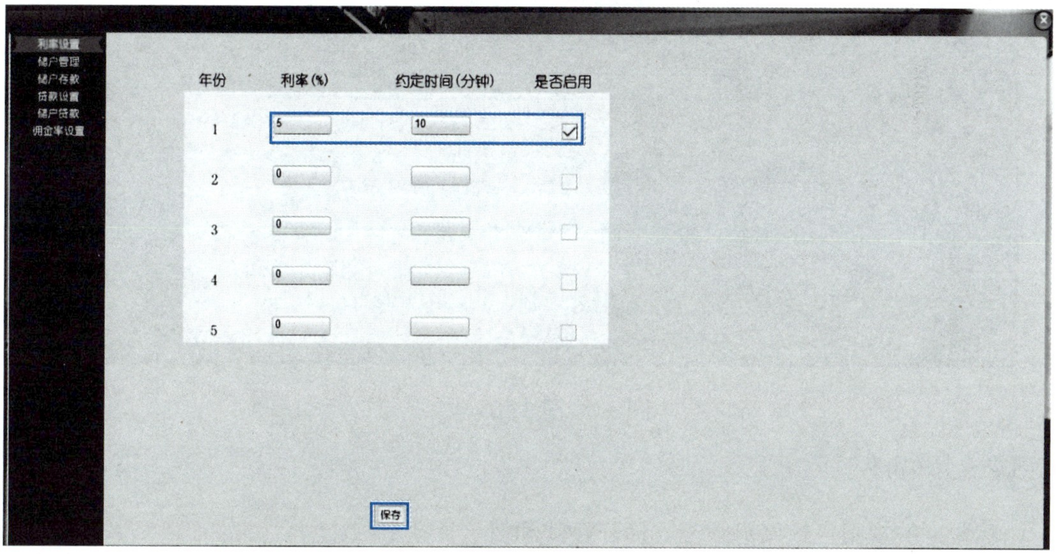

图 8-11

（5）贷款设置

操作一：进入"运营"界面，选择"贷款设置"选项，选择不同的贷款类别，单击"设置"按钮，如图 8-12 所示。

221

图 8-12

操作二：设置不同贷款年份的利率，同时设置约定的时间，选择"是否启用"复选框，单击"保存"按钮，如图 8-13 所示。

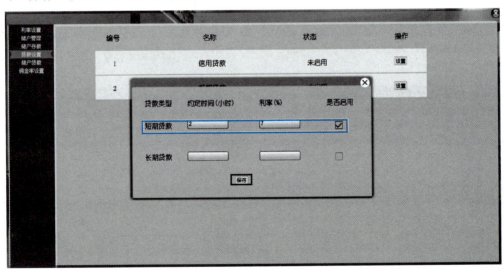

图 8-13

8.3.2 运营期

运营期的规则包括储户管理、储户存款和储户贷款 3 种。

（1）储户管理

操作：进入"运营"界面，选择"储户管理"选项，可对存款单位进行搜索查询，对客户业务进行处理，如图 8-14 所示。

第 8 章 金融业货币银行服务公司经营流程

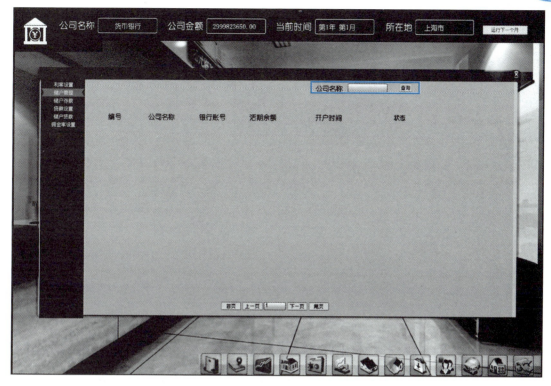

图 8-14

（2）储户存款

操作：进入"运营"界面，选择"储户存款"选项，处理客户存款业务，检索查看储户存款信息，支付储户存款利息，如图 8-15 所示。

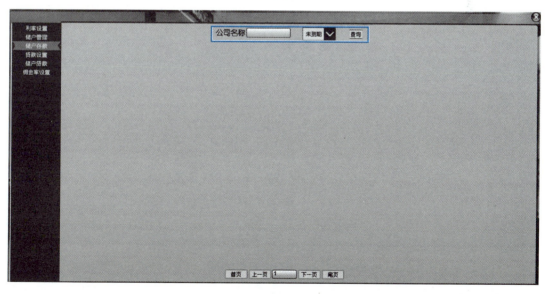

图 8-15

(3) 储户贷款

操作一：进入"运营"界面，选择"储户贷款"选项，查看申请贷款客户的资产评估，如图 8-16 所示。

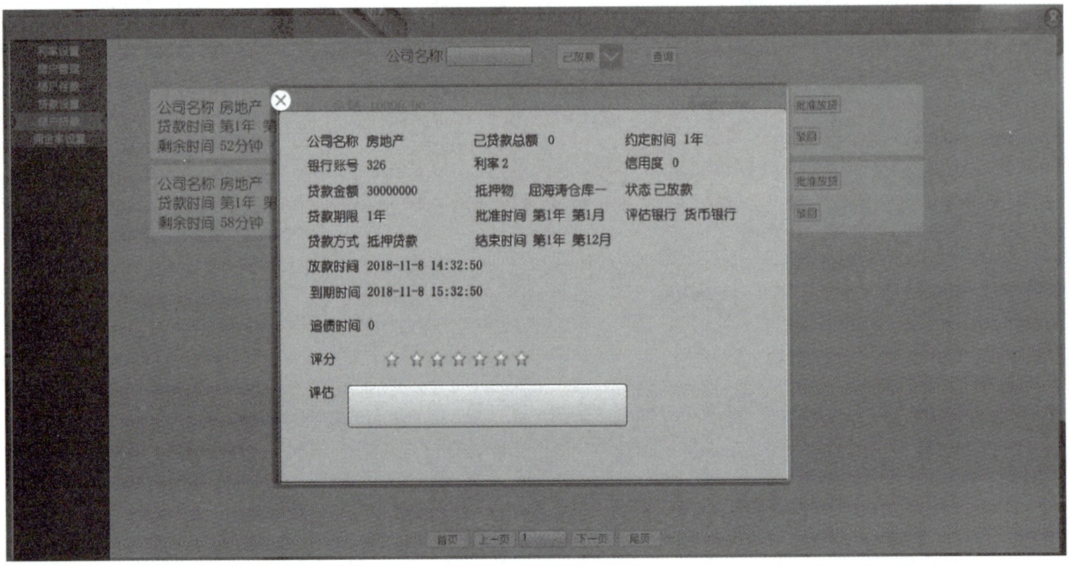

图 8-16

操作二：进入"运营"界面，选择"储户贷款"选项，批准或驳回客户申请的贷款项目，根据情况单击"批准放贷"或者"驳回"按钮，如图 8-17 所示。

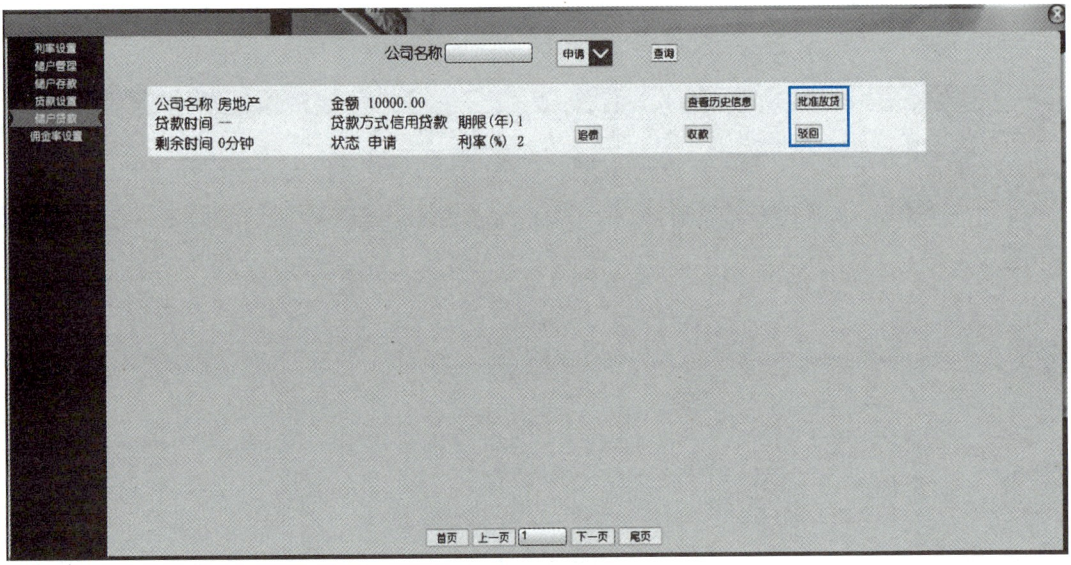

图 8-17

操作三：进入"运营"界面，选择"储户贷款"选项，对到期的贷款进行收款，单击"收款"按钮，如图 8-18 所示。

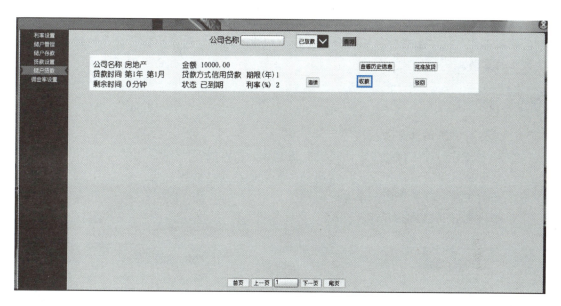

图 8-18

操作四：进入"运营"界面，选择"储户贷款"选项，对到期未归还贷款的客户进行追债，单击"追债"按钮，如图 8-19 所示。

图 8-19

本章小结

本章主要讲解了货币银行创建公司、建设前期的运营规则、建设期的准备工作及运营期的运营工作。使学生对货币银行公司有一个初步的认识,对货币银行公司的经营工作有个大致的了解。

 复习思考题

1. 银行如何保证自身盈利?
2. 对方公司已过还款约定时间还没有还款该如何解决?
3. 对方公司想通过抵押贷款,请问哪些固定资产可以抵押?
4. 如何正确地设置贷款利率与时间?
5. 如何吸引到别的公司存款?